Diogenes Taschenbuch 21852

Federico Fellini

Die Stimme des Mondes

(La voce della luna)

Idee und Drehbuch von
Federico Fellini
in Zusammenarbeit mit
Tullio Pinelli und
Ermanno Cavazzoni

Aus dem Italienischen von
Renate Heimbucher
Mit 53 Fotos

Diogenes

Herausgegeben von Christian Strich

Standfotos:
Ettore Balducci und
Mimmo Cattarinich

Originalausgabe

80/90/8/1
ISBN 3 257 21852 4

Inhalt

Vorwort

Nein, es handelt sich nicht um das übliche Rimini, auch nicht um Reggiolo, das nichts damit zu tun hat.
Die Sache verhält sich so: bevor ich mit einem Film beginne, versuche ich immer, die Voraussetzungen für ein paar heitere Ferientage unter dem Namen »Drehortsuche« zu schaffen. Ein sehr sympathisches Ritual in der Filmwelt. Man fährt los, zusammen mit dem Kameramann, dem Regieassistenten und einem Vertreter der Produktion, wobei man, jedenfalls in meinem Fall, von vornherein weiß, daß ich alles im Studio nachbauen und nicht aus Cinecittà hinausgehen werde.
Wozu dann überhaupt die Drehortsuche? Nun, zum einen ist sie sehr angenehm, und dieses Herumschweifen von einem Dorf zum anderen, das Aufsuchen von Bauernhöfen, die kleinen Hotels und Pensionen, diese hübschen italienischen Provinzstädte, all das bringt etwas und hinterläßt dann später, in der Irrealität der Rekonstruktion im Studio, doch eine Spur. Diese Streifzüge verursachen mir auch immer wieder peinliche Gewissensbisse. Denn jedesmal wird mir bewußt, daß der italienische Film, ich natürlich inbegriffen, überhaupt nichts über Italien erzählt hat. Aus den amerikanischen Filmen wissen wir so viel über Amerika. Über unser eigenes Land nichts. Ein bißchen was über Rom, mal was über ein als manierierte Weihnachtskrippe dargestelltes Neapel, über ein blutig-kitschiges Sizilien. Aber die ganze, endlose italienische Provinz...
Um auf meinen Film und den Roman von Cavazzoni *Il poema dei lunatici* zurückzukommen, muß ich sagen, daß das Buch ein Ausgangspunkt, der Vorwand war, auch wenn die Entwicklung des Films mit der Anfangsvoraussetzung nicht viel zu tun hat. Die Lektüre dieses Buchs hat in mir Stimmungen, Anregungen, Bestrebungen, Absichten, Gestalten und Filmsituationen von früher wieder zum Klingen gebracht, die ich nie verwirklicht habe und die seit vielen Jahren tief in mir vergraben sind und von dort immer noch ausstrahlen und sich bemerkbar machen.
Am Anfang stand unter anderem meine Faszination für das Ländliche. Als kleiner Junge ging ich jeden Sommer für ein paar Monate nach Gambettola, ein kleines Nest in der Nähe von Rimini. Das Land war für mich eine einzigartige Entdeckung, ein märchenhaftes,

auch magisches Szenarium: die Tiere, die Bäume, die Gewitter, die Jahreszeiten, die Beziehung der Bauern zu den Tieren, der Fluß, der in unserer Gegend nur ein kleiner Bach, der Marecchia, war; sogar die rohen Verbrechen der Bauern.
Da war meine Großmutter Fraschina, die aussah wie die Großmutter aus dem Märchen, mit einem Gesicht voller Runzeln und einem hageren Körper, der aber immer dick mit dunklen Kleidern vermummt war. Um uns zu bestrafen, gab sie uns mit einer dünnen, sehr biegsamen grünen Rute leichte Hiebe, die wir mit herzzerreißendem Geheul quittierten.
Seit langem wollte ich gern einen Film über diese Erinnerungen machen, über diese Welt, die mich zu einer Geschichte zwischen Angst und Magie anregte. Aber dann ist es doch anders gekommen. Denn das Buch von Cavazzoni hat eine andere alte Idee von mir wieder zutage gebracht, der ich in den fernen fünfziger Jahren viel Zeit gewidmet hatte. Ich hatte ein Script verfaßt, das von Mario Tobinos Erzählung über seine Erfahrungen als Psychiater im Irrenhaus von Maggiano ausging. *Le libere donne di Maggiano* (Die freien Frauen von Maggiano) lautete der Titel dieses Buchs, das mich so betroffen gemacht hat. Ich wollte einen Film machen aus dieser Insel, die sich psychiatrische Klinik nannte, mit der Mauer drumherum, hinter der die Verrücktheit, die Wahnvorstellungen und Delirien eingesperrt und beschützt waren. Letztlich hatte ich nur Lust, etwas zu machen, was nicht den Filmen glich, die ich schon gemacht hatte.
Auf die Idee, ohne einen festen Plot zu arbeiten, hat mich die Erfahrung mit dem vorhergehenden Film *Intervista* gebracht, sie hat mich, so würde ich vielleicht sagen, kühn gemacht. Denn bei jenem Film glaubte ich zu begreifen, daß ich weder Geschichten noch eine Idee brauchte. Daß ich nur neben einer Kamera zu sitzen brauchte, an einem Platz, wo man ein paar Lampen anschalten konnte, und um mich herum eine Mannschaft, Leute mit vertrauensvollen Gesichtern, die begierig sind, auf eine Reise zu gehen ... Kurzum, in einem Satz für den Gebrauch der Pressebüros habe ich gesagt, *Intervista* sei ein Film, der sich selbst gemacht hat. Daß aus dieser Art zu drehen, System werden könnte, glaubte ich selbst nicht. Mit ein bißchen Dreistigkeit oder Verantwortungslosigkeit habe ich jedoch entdeckt, daß diese Art zu plaudern, drauflos zu drehen, tatsächlich zum System werden konnte. Diesmal habe ich es in einem richtigen Film, mit richtigen Schauspielern angewandt, nicht nur in einer

mehr oder weniger selbstgefälligen Plauderei über meine Arbeit als Regisseur. Sagen wir ruhig, *Die Stimme des Mondes* hat meine wahre und echte Berufung als Direktor einer Schauspieltruppe aufgedeckt.

Ich habe immer vom Zirkus gesprochen, aber auch das Theater gehört mit zu meiner kindlichen Mythologie. Das Theater als Existenz, als Entscheidung für einen Lebensstil. Die Eisenbahnfahrten, das Debüt, die Provinz, das Restaurant, die Truppe, die Schauspieler und Schauspielerinnen, die Kostümkoffer und Garderoben, die Rivalitäten und Liebschaften. Ich schaute mich an und spürte, daß ich weder Ingenieur noch Bischof werden konnte, wie meine arme Mamma es sich gewünscht hätte. Ich sah die Komiker an und spürte, daß ich Schauspieler oder meinetwegen auch Maler werden wollte; alles, was ins Künstlerische ging. Vor allem gefiel mir die Art und Weise, wie sie sich anzogen, der Nonkonformismus, den, wie mir schien, ein so ungeregeltes Leben ausstrahlte, die Frauen, die exzentrischen Liebschaften, von denen man fabulierte. Und eben weil ich in Benigni und Villaggio zwei Schauspieler hatte, die beide den Archetypus des Schauspielers/Komikers, auch im Sinn des Unsteten, der Beweglichkeit verkörpern, konnte ich mit ihnen zusammen ein Trio bilden, das es mir erlaubte, mich mit größerer Sicherheit auf einen von Tag zu Tag erdachten Film einzulassen. Ich bin Roberto Benigni und Paolo Villaggio wirklich sehr dankbar für ihre absolute Spontaneität, für das Vertrauen, mit dem sie beim intuitiven Aufspüren eines Weges mitgemacht haben, der im dunkeln begann und im dunkeln weiterging.

So hatten sie, um nur ein Beispiel zu nennen, nie vorher ihre Texte. Ich kam in die Maske mit ein paar Papierblättern, die ich am Abend zuvor vollgekritzelt hatte. Ich habe eine schöne Reise gemacht, Arm in Arm mit Harlekin und Brighella oder sagen wir lieber mit Lucignolo und Pinocchio.

Noch bevor ich wußte, was das für ein Film war, ließ ich mit vermutlich übertriebenem Eifer, nach Art eines Theaterdirektors, die ganze Piazza einer nord-mittelitalienischen Kleinstadt aufbauen. Ich versuchte dabei alle typischen Bezugspunkte wegzunehmen, ich wollte eine Konstruktion, die aus so selbstverständlichen, so bekannten und so oft gesehenen Elementen bestand, daß sie sich selbst auslöschte. Ich bilde mir ein, nicht irgendeine Kleinstadt, sondern »die Kleinstadt«, eine italienische Superkleinstadt gemacht zu haben, mit der Piazza, an der bunt durcheinander die gotische Kirche, der Renaissance-Palast, das Gebäude im Stil Umbertos, der rationalistische Bau aus der Ära des Faschismus und die postmoderne Kirche aus durchscheinendem Kunststoff stehen. Eine Ansammlung ganz alltäglicher Fassaden, eine unsichtbare Stadt. Und die ganze Zeit tat ich so, als sollte diese Kleinstadt tatsächlich bewohnt werden. Ich beriet mich mit den Architekten über die Art des Straßenpflasters und überlegte mir jedes einzelne Geschäft unter den Arkaden: was soll in dieses Schaufenster, was tun wir in das andere, wie machen wir den Fluß, die Dächer, die Ziegel, die Balkone. Und während ich zusah, wie drei-, vierhundert Arbeiter eifrig eine Stadt aufbauten, die ganz echt aussah, fragte ich mich: Und was erzähle ich nun?

Und ich antwortete mir, du wirst schon sehen, irgend jemand wird aus diesen Fenstern herausschauen; irgend jemand wird kommen und unter diesen Arkaden spazierengehen und die Schaufenster betrachten; in diesem Kiosk wird ein Zeitschriftenhändler erscheinen, um Zeitungen zu verkaufen; vielleicht wird auch der Priester früher oder später aus der Kirche herauskommen. Da und dort hatte ich gemalte Figuren in die Fenster gestellt, und nach und nach, mit dem Fluidum der beiden Schauspieler-Figuren um mich herum, kam ein Ende des Knäuels zum Vorschein... Und es ist ein Porträt meines Landes, unseres Landes, so wie wir es zu erleben meinen.

Rom, März 1990

Federico Fellini

Drehbuch

Meiner Gewohnheit entsprechend behalte ich mir vor, im Verlauf der Dreharbeiten Szenen und Personen zu überprüfen, genauer festzulegen, zu verändern und zu ersetzen.
Die vorliegende Fassung ist das von Aureliano Luppi aufgenommene und von mir durchgesehene Protokoll des fertigen Films.

F. F.

Der Vorspann wird begleitet von Seufzern und widerhallendem Peitschenknallen, das sich mit dem Echo wispernder Stimmen und unheilkündendem Krächzen eines Raben mischt, in das andere Vögel mit ihrem Kreischen, Pfeifen und Zwitschern einfallen. Aus diesem betäubenden Lärm sind menschliche Stimmen herauszuhören, die unablässig einen Namen rufen: »Salvini! Salvini! Salvini!« Vor dem Hintergrund der letzten Namen erscheint das Bild eines einsamen Ziehbrunnens inmitten von dunklen, öden Feldern. Eine einzelne Stimme sagt noch einmal...

Stimme: Ivo Salvini!

Bauernhaus. Brunnen. Außen. Nacht.

Ängstlich, aber fasziniert nähert sich im Dunkel der Nacht die schlanke Gestalt eines jungen Mannes (Ivo Salvini) dem rundgemauerten Brunnen, der vom kalten Licht des Vollmonds beleuchtet wird. Der Mann, ein altmodisch gekleideter Typ mit einem langen Schal um den Hals, scheint von einer Art Raunen angezogen, dessen Herkunft nicht genau festzustellen ist. Am Brunnen angelangt, dreht er sich zu den Zuschauern um. Er hat wirres Haar, ein spitzes Gesicht und einen etwas verlorenen Blick hinter der Brille mit kleinen runden Gläsern.

Ivo: Ihr habt es doch auch gehört! Sie rufen mich!

Angestrengt horchend beugt er sich über den Rand der halb abgedeckten Brunnenöffnung, doch die Stimme läßt sich nicht mehr vernehmen. Salvini blickt verwirrt zum Mond hinauf, als gäbe es eine Verbindung zwischen ihm und dem Brunnen. Ein plötzliches Geräusch und Stimmen lassen ihn aufschrecken. Rasch duckt er sich hinter den Brunnen. Hinter Büschen und Gestrüpp tauchen einige Bauernburschen auf und kommen näher.

Stimmen der Bauernburschen: Gnocca, Gnocca, komm mit zur Gnocca... Schau'n wir uns die Gnocca an. Gnoccabicocca, viva la gnocca! Gnoccabicocca, viva la gnocca.

Verstohlen um sich blickend, bleiben sie stehen, und ihr Anführer läßt sich von den anderen Geld geben.

Bauernbursche: Habt ihr auch alle bezahlt? Du noch nicht! Du mußt mir auch noch das vom letzten Mal geben!

Bauer: Meiner ist so hart wie Bein, der stößt jede Mauer ein! ...

Bauernbursche (lacht)

Nachdem er das Geld eingesteckt hat, steuert der Bauernbursche erwartungsvoll grinsend auf ein Bauernhaus mit erleuchteten Fenstern zu, aus dem in voller Lautstärke flotte Musik schallt. Die anderen folgen ihm. Salvini, der die Männer offenbar kennt, geht ihnen nach.

1. Bauer (auf Salvini deutend): Der will auch mitkommen. Na, dann komm eben mit!

Ivo: Ja! Wohin gehen wir?

Die jungen Burschen schleichen sich an eins der Fenster und klappen vorsichtig die Fensterläden auf.

2. Bauer: Sei leise!

3. Bauer: Mach doch ein bißchen weiter auf!

Anderer Bauer: Nein, dann merkt sie was.

Im Haus vollführt eine nicht mehr ganz junge, eher wie eine biedere Hausfrau als wie eine Tänzerin wirkende Frau mit üppigen Formen ganz allein einen temperamentvollen Striptease, ohne etwas von den ungebetenen Zuschauern zu ahnen. Salvini, der hinter den anderen steht, versucht, bald durch die gespreizten Beine eines der Burschen, bald aufgeregt in die Höhe hüpfend, einen Blick auf die Frau zu erhaschen.

Ivo: Ah ... ja ...

2. Bauer: Gestern hat man es besser gesehen. Da waren die Gardinen weiter auf.

Angesichts des Schauspiels geben die jungen Burschen skurrile Kommentare und lustvolle Seufzer von sich. Einer von ihnen läßt sich sogar dazu hinreißen, den vor ihm Stehenden in den Hintern zu kneifen.

Kleiner Bauernbursche: ... He, was soll das?

3. Bauer: Sagt mir bloß, warum hat meine Frau nicht auch zwei solche Titten?

Die tanzende Hausfrau hat ihren Striptease beendet und läßt sich, mit den üppigen Brüsten wackelnd, auf einen Sessel plumpsen. Der Bursche, der das Geld eingesammelt hat, bemerkt Salvini, stürzt auf ihn zu und verlangt mit drohender Stimme ...

Bauernbursche: Her mit dem Geld! Her mit dem Geld!

Salvini ist über diese Forderung mehr erstaunt als erschrocken.

Ivo: Was? Welches Geld?

Bauernbursche: Den Busen von meiner Tante kriegst du ohne Geld nicht zu sehen ... Da, guck mal, ich hab 'ne Schere! Ich steche dich ab wie einen Truthahn! Gestern abend hast du mir auch nichts gegeben! Warte nur, wenn ich dich erwische, kommst du nicht mehr auf deinen eigenen Füßen nach Hause ...

2. Bauer: Na komm, sei doch nicht so, wo soll der denn das Geld hernehmen! Gib Ruhe, laß ihn! Und laß wenigstens uns gucken! Gustavo, halt ihn fest, nimm ihm die Schere weg.

Doch der Bursche läßt sich nicht überzeugen und verfolgt Salvini mit der drohend gezückten Schere. Zum Glück greifen die anderen ein und halten ihn auf.

Bauernbursche: ... Komm nur her, komm her! Und ihr laßt mich los, dem muß ich es zeigen! Laßt mich!

Ivo: Ich hab aber kein Geld! Vorsicht! Haltet ihn fest! Ich hab ihm nichts getan, wir sind doch Freunde.

3. Bauer (protestiert): He, aber wir haben dir Geld gegeben, wir wollen was sehen!

Ivo: Ich kann ihm kein Geld geben, ich hab wirklich nichts.

Augenzwinkernd deutet er mit einer Kopfbewegung auf die tanzende Frau ...

Ivo: Juno, die Gemahlin von Jupiter, muß auch schöne Brüste gehabt haben, genau wie die Signora da drinnen. Kennt ihr die Geschichte, wie sie einmal mit ihrer schönen nackten Brust unter einem Baum eingeschlafen ist? Herkules, der noch ein Kind war, sieht diese gewaltigen Titten, stürzt sich drauf und saugt und saugt ...

Bauernbursche: Laßt ihn mir! Du willst wohl besonders schlau sein, aber du tust mir nur leid. Her mit dem Geld!

Der Bursche schafft es, sich loszureißen, und stürzt sich auf Salvini. Doch die anderen packen ihn erneut und befreien Salvini aus seiner bedrohlichen Lage.

Ivo: Du tust mir weh!

Als ob nichts wäre, fährt Salvini mit seiner Geschichte fort.

Wo war ich doch gleich? ... und saugt, und plötzlich wachte Juno auf, und die Milch spritzte heraus und ergoß sich über den Himmel. Und so ist die Milchstraße entstanden.

6. Bauer (enttäuscht): Ach, jetzt macht sie nicht mehr weiter, sie ist wütend! Schön habt ihr das gemacht!

1. Bauer (lachend zu Salvini): Du warst wohl gut in der Schule, was?

Ivo: Ja doch, aus mir hätte was werden können.

Die tanzende Frau hat die Anwesenheit der heimlichen Zuschauer bemerkt und ruft mit zorniger Stimme...

Stimme der Frau: Säufer, Herumtreiber, macht, daß ihr hier wegkommt, könnt ihr die Leute nicht ruhig schlafen lassen! Das tut ihr nur, weil mein armer Ottavio nicht mehr ist.

Bauernbursche: Ich bin's doch nur, Tante!

Und mit einem Satz will er wieder auf Salvini losgehen.

Ivo: Haltet ihn!

Erst, als plötzlich ein Mann in einem dicken Mantel mit Pelzkragen auftaucht, der, sein Fahrrad neben sich herschiebend, mit einer Taschenlampe um die Hausecke kommt, läßt der aufgebrachte Bursche von Ivo ab. Einige der Bauern verziehen sich. Der Mann mit dem Fahrrad ist Pigafetta, der Totengräber. Er wendet sich an den Bauernburschen..

Pigafetta (mit deutlichem neapolitanischem Dialekt): Pfui! Ein schöner Neffe bist du! Gute Nacht. (Zu Salvini) Kannst du laufen?

Ivo: Alles in Ordnung, danke.

Aus dem Haus ist wieder die Stimme der Frau zu hören, diesmal an Pigafetta gewandt.

Stimme der Frau: Eine Schande ist das, Signor Pigafetta. Schikken Sie sie fort.

Pigafetta: Ersilia, es ist nichts, das ist nur mein Freund Salvini. Ich hab ihn schon lang nicht mehr gesehen, ich gehe ein Stück mit ihm. (Zu Ivo) Komm schon, komm.

Ivo: Ja, gern, Signor Pigafetta. (Zu den Bauern) Ciao! Gute Nacht! Ciao!

Stimme der Frau: Jeden Abend die gleiche Geschichte! Nie kann ich mal ein bißchen Musik hören!

Pigafetta zieht Salvini mit sich fort. Die beiden entfernen sich vom Haus und gehen durch die Felder, über denen weiße Nebelschwaden hängen, auf einige Lichter zu, die in der Ferne zu sehen sind.

Ivo: Meine Tante war ganz anders. Spindeldürr war die, spindeldürr. Und immer wollte sie mich kämmen, kam plötzlich her und sagte: Komm, laß dich kämmen. Und mit meinem Stuhlgang hatte sie es. Immer wollte sie wissen, ob ich Stuhlgang gehabt hätte, immer nur das.

Pigafetta (sieht ihn scharf an): Sag mal, was hattest du denn hier zu suchen, um diese Zeit? Hast du wieder damit angefangen?!

Ivo: Nein, ich schwör's. Glaub mir, ich versuche ja, zu widerstehen. Ich stopfe mir die Ohren zu, aber ich hör sie trotzdem, sogar noch lauter. Der Brunnen dort zum Beispiel, der hat mich vorher nie gerufen. Erst gestern abend fing es an: »Wir müssen dir etwas sagen, etwas sehr Wichtiges ...«

Pigafetta (mit mahnender Stimme): Hör nicht auf die Stimme der Brunnen, das sind Verräter. Sie bringen dir schöne Träume oder böse Träume, wie es ihnen gerade paßt. Nachts sollte man sie verschließen.

Ivo (erschrocken): Aber wenn man sie verschließt, wie soll ich dann ...

Pigafetta (sehr ernst): Halte dich von den Brunnen fern!

Die beiden werden durch die Stimme einer Frau unterbrochen, die auf einem Feldweg ebenfalls auf die erleuchtete Anlage im Hintergrund zugeht. Die kleinwüchsige, etwas rundliche Frau (die Frau des Oboisten) trägt einen weiten dunklen Mantel und auf dem Kopf einen Strohhut mit breiter Krempe. Sie schleppt eine große Tasche. Mit einigen Metern Abstand folgt ihr ein Herr mittleren Alters (ein Reporter), zu dem sie in aufgebrachtem Ton spricht.

Stimme der Frau des Oboisten: Ich möchte nicht, daß er Sie sieht! Womöglich meint er dann, ich hätte Sie hergebracht.

Reporter: Aber ich muß doch meine Arbeit tun. Ich muß mit ihm reden. Achtung!

Ritterlich eilt er der Frau, die mit dem Fuß in einem Loch steckengeblieben ist, zu Hilfe.

Frau des Oboisten: Au!

Reporter: Hier sind lauter Löcher, siehst du das nicht? Häng dich bei mir ein, ich gehe mit, na komm schon.

Aber die Frau drückt die Tasche an sich und sagt unfreundlich ...

Frau des Oboisten: Nein!!!

Hinter ihr hört man aus dem Dunkel Pigafetta rufen ...

Stimme von Pigafetta: Donna Gertrude, kann ich Ihnen behilflich sein?

Jetzt erst bemerkt die Frau des Oboisten Pigafetta.

Frau des Oboisten: Ach du bist's, Pigafetta! Ich bin ein bißchen spät dran heute abend. Er wünscht sich schon so lange gefüllte Zucchini. Sie sind mir gut gelungen, aber es hat eben seine Zeit gedauert.

Reporter: Machen wir's so, du gehst voraus, und ich komme wie zufällig nach, ja?

Doch die Frau setzt, ohne auf ihn zu hören, ihren Weg in Richtung der erleuchteten Anlage fort, die, wie man nun erkennt, ein Friedhof ist. Der Journalist folgt ihr unaufgefordert.

Friedhof. Außen. Nacht.

Der Lichtschein, der aus dem Friedhof kommt, rührt teils von den kleinen Votivlampen an den Grabsteinen, hauptsächlich aber von großen Scheinwerfern her, die den noch in Bau befindlichen und mit großen, durchsichtigen Plastikplanen verhängten Teil der Friedhofsanlage beleuchten. Da und dort sind Baugerüste, Werkzeug, Balken und Stapel von Ziegelsteinen zu sehen. Angelino, der Gehilfe des Totengräbers, ein schmächtiger, etwas einfältig wirkender Junge, winkt der sich nähernden Frau mit seiner Laterne, um ihr in der Dunkelheit den Weg zu weisen.

Angelino: Zu Diensten.

Frau des Oboisten: Ich muß schnell machen, Angelino, sonst wird das Essen kalt.

Angelino: Gehen Sie nur hinein, gehen Sie, er wartet schon auf die Zucchini. Er ist heute ein bißchen nervös.

Die Frau betritt den Friedhof. Der Reporter folgt ihr verstohlen. Pigafetta pfeift seine Erkennungsmelodie. Auch er und Salvini sind am Friedhof angekommen. Der Totengräber lehnt sein Fahrrad an die Mauer und sagt freundschaftlich zu seinem Gehilfen...

Pigafetta: Angelino, wie sieht's aus?

Angelino: Alles ruhig, Cavaliere!

Pigafetta: Komm, wir machen unsere Runde! (Zu Salvini, der ein paar Schritte hinter ihm stehengeblieben ist) Nur zu, du darfst auch reinkommen.

Pigafetta betritt den Friedhof, nicht ohne ehrfürchtig seinen Hut gelüftet zu haben.

Ivo: Ihr vergrößert euch, was? Es kommen ja auch so viele!

Pigafetta: Und keiner geht je wieder weg. Man sieht, daß sie sich hier wohlfühlen.

Die Frau geht unter einem Bogengang hindurch zu einer Grabnische in der zweiten Reihe von unten, in der ein lebendiger Mann, ihr Ehemann (der Oboist), sitzt. Der Mann, der sich in seiner sonderbaren Behausung recht wohl zu fühlen scheint, nickt Pigafetta freundlich zu, während die Frau ärgerlich auf den Totengräber einzureden beginnt...

Frau des Oboisten: Übrigens, Signor Pigafetta, ich werde den Bürgermeister über diese Angelegenheit informieren müssen. Sie können hier doch nicht alles bestimmen, wie es Ihnen gerade paßt. Sie sind schließlich nur Totengräber.

Pigafetta: Jawoll! Und das ist mir eine hohe Ehre!

Frau des Oboisten: Wie sind Sie nur auf so eine Idee gekommen?

Pigafetta: Der Herr Professor hat mich um Hilfe gebeten. Und einen Freund frage ich nicht lange nach dem Warum. Wen stört es schon, wenn er hier schlafen will? Er möchte einen Beweis erbringen!

Reporter: Wo sie für einen Platz hier so viel verlangen, heutzutage. Sie haben schon recht.

Frau des Oboisten (um einer entsprechenden Frage ihres Mannes zuvorzukommen): Oh, ich habe ihn nicht mitgebracht! Er ist mir einfach nachgelaufen.

Nun entdeckt der Oboist Salvini.

Oboist (mißtrauisch): Und wer ist der andere?

Pigafetta: Der ist mit mir gekommen. Alles in Ordnung.

Die Frau nimmt aus ihrer Tasche Messer und Gabel und eine Serviette und beginnt in der engen Grabnische aufzudecken. Der Oboist sieht ihr dabei zufrieden rauchend zu. Dann drückt er die Zigarette aus und fängt mit gutem Appetit zu essen an.

Oboist (gespannt): Nun, hast du mir nichts zu sagen? Hört man es immer noch?

Frau des Oboisten: Ich schlafe nachts.

Der Reporter faßt sich ein Herz und versucht sich in die Unterhaltung des Ehepaars einzuschalten.

Reporter: Ich hätte zwei kleine Fragen. Nur zwei kleine Fragen. Wie stehe ich denn sonst vor meinem Chef da!

Oboist: Nichts, keine kleinen Fragen und erst recht keine kleinen Antworten. Das wäre ja noch schöner, dann heißt es noch, ich sei verrückt.

Die Frau, die sich ihr langes Haar kämmt, fährt ihn an...

Frau des Oboisten: Und bist du vielleicht nicht verrückt? (Zum Reporter) Sagen Sie doch selbst, muß sich einer, der die Prüfung am Konservatorium mit Auszeichnung bestanden hat, ein

Professor für Kontrapunkt, derart erniedrigen? Mein Vater hat es gleich gewußt, heirate ihn nicht, hat er gesagt, noch in der Kirche machte er mir heimlich Zeichen: Komm hier weg, komm hier weg! Aber er hatte mich verzaubert, mit der Musik hatte er mich verzaubert.

Oboist: Ja, ja, reden wir nur weiter solchen Unsinn. Verboten gehört sie, gesetzlich verboten, die Musik! Sie ist gewalttätig!

Reporter: Entschuldigen Sie, wie hat sich diese aggressive Seite des Musikinstruments denn geäußert?

Frau des Oboisten: Erzähl's ihm nur! Die Oboe habe die Möbel verrückt, sagt er.

Oboist: Bestimmte Töne, eine Sechzehntelfolge, sol-la-do-mi. »Diabolus« nannte man diese Figur im Mittelalter. Stellen Sie sich eine Eidechse vor, die Ihnen vom Steißbein zum Nacken hinaufkrabbelt... An jenem Abend bei mir zu Hause, erinnerst du dich, Gertrude? Wir hatten ein Konzert im Teatro Comunale, ich übte gerade meinen Part, und plötzlich waren sie da, diese vier Töne.

Wohnung des Oboisten. Innen. Nacht.

Der Musiker sitzt im Wohnzimmer seiner bescheidenen und ordentlichen Wohnung und spielt auf der Oboe. Nach wenigen Tönen rutscht das ihm gegenüber stehende Büffet, wie von einer unsichtbaren Kraft geschoben, unter lautem Gläserklirren an der Wand entlang und bleibt mit einem Ruck wieder stehen. Verärgert hört der Mann auf zu spielen.

Oboist: Gertrude!

Stimme der Frau des Oboisten: Was ist?

Oboist: Das Büffet hat sich bewegt! Gerade eben! Ich soll verrückt sein? Ich ein Visionär?

Friedhof. Außen. Nacht.

Frau des Oboisten: Ja!

Oboist: Und den Kerl in der Küche hast du wohl auch nicht gesehen, was?

Der Reporter macht sich eifrig Notizen.

Reporter: Ach bitte, erzählen Sie doch: wer war denn in der Küche?

Oboist: Eines Abends, ich übte gerade...

Wohnung des Oboisten. Innen. Nacht.

Wieder sitzt der Mann in seinem Wohnzimmer und spielt auf der Oboe. Er hört ein klapperndes Geräusch und hält inne. Er blickt im Zimmer umher, aber es ist niemand zu sehen. Verwundert mustert er seine Oboe, als sei der Lärm aus dem Instrument gekommen. Er will gerade weiterspielen, da ertönt das Klappern wieder. Diesmal jedoch hat er bemerkt, daß es aus der Küche kommt. Leise schleicht er zur Küchentür und entdeckt einen Mann, der ihm den Rücken zugewandt hat und sich zum geöffneten Kühlschrank hinabbeugt.

Oboist: Was wollen Sie denn hier?

Der Eindringling, ein korpulenter Kerl in einem schmuddeligen weißen Schlafanzug, richtet sich auf und fährt ungeniert und in aller Ruhe fort, Essen in sich hineinzustopfen.

Oboist: Wer sind Sie?

Eindringling (mit vollem Mund): Ich bin der große Esser, ich esse alles...

Und er ißt weiter.

Friedhof. Außen. Nacht.

Oboist: Krack, krack, krack... alles hat er aufgefressen... Und eines Nachts sind sie dann selbst gekommen... die Rädelsführer.

Wohnung des Oboisten. Innen. Nacht.

Verstört hört der Oboist auf zu spielen, denn in seinem Wohnzimmer sitzen drei Männer, die ihn stumm beobachten: Auf dem großen Ohrensessel ein etwas rundlicher alter Herr (Professor Falzoni) mit weißem Vollbart und schielenden Augen hinter einer Brille mit kleinen runden Gläsern. Er spielt nachdenklich mit seinen gespreizten Fingern. Hinter ihm steht, auf die Sessellehne gestützt, ein schon recht glatzköpfiger, elegant gekleideter Herr (Dr. Brambilla) mit einem auffälligen Halstuch. Der dritte und jüngste der drei (der junge Arzt) sitzt auf einem Stuhl und flüstert dem Professor etwas ins Ohr. In unterwürfigem, Verständnis heischendem Ton wendet sich der Musiker an die Besucher.

Oboist: Meine Herren, es ist mir eine Ehre. Danke! Ich war gerade dabei, meinen Part zu üben... und da ist diese Passage, dieses teuflische Intervall!

Die drei Besucher seufzen verwundert und vorwurfsvoll.

Oboist: Gewisse Akkorde dürften gar nicht komponiert werden!... Welche? Oh, sagen Sie nicht, Sie wüßten es nicht! Bei diesen Pausen, bei diesen Intervallen dringen die Geister ein, das Dunkel, die Kälte, und dann macht die Musik mit dir, was sie will. Wie soll man sich gegen etwas wehren, das immer verspricht, nur verspricht und nie was hält, nie?

Professor Falzoni: Sagen Sie doch, was hat sie Ihnen versprochen?

Oboist: Das, was sie allen verspricht: Freude, Heiterkeit, Vergessen. Daß wir alle glücklich sein werden, alle angenommen werden, auch ich, aber es ist nicht wahr, nein, es ist nicht wahr!... Gertrude!

Wütend und verzweifelt legt er die Oboe auf den Tisch, nimmt die Brille ab und steht auf.

Hof vor dem Haus des Oboisten. Außen. Nacht.

Im Hof vor dem Haus sitzt die Frau des Oboisten auf einer Bank und kämmt sich ihr langes Haar, während sie kopfschüttelnd zusieht, wie ihr Mann voller Zorn mit einem Spaten immer wieder auf einen Erdhaufen einschlägt. Er steigt auf den kleinen Erdhügel und trampelt mit den Füßen darauf herum. Endlich ist er zufrieden.

Oboist: Jetzt ist sie weg.

Wortlos geht die Frau zum Haus zurück.

Friedhof. Außen. Nacht.

Der Oboist in seiner Grabnische...

Oboist (mit erstickter Stimme): Aber in manchen Vollmondnächten spielt sie auch dort unten, unter der Erde, und ich höre es, ich höre es immer noch...

Verzweifelt hämmert er mit den Fäusten auf den Stein der Nische. Und in der Dunkelheit, die nur vom Schein der Votivkerzen durchbrochen wird, hören wir den wehmütigen und beunruhigenden Klang der Oboe, die die bewußten vier Töne spielt... Vor dem Hintergrund des Säulengangs sehen wir Pigafetta und Angelino. Pigafetta pfeift zum Himmel hinauf, um einen Vogel anzulocken.

Angelino: Er kommt nicht, er kommt nicht, es ist schon spät. Heute kommt er nicht, es ist zu feucht.

Während der Erzählung des Oboisten ist Salvini suchend unter den Friedhofsarkaden umhergestreift. Endlich entdeckt er, wonach er Ausschau gehalten hat: die Grabnische seines Großvaters.

Ivo: Da ist mein Großvater! Dort oben ist er!

Auf der fahrbaren Leiter, die vor den Grabnischen steht, steigt er bis zur Grabplatte des Großvaters hinauf, die mit einem Foto geschmückt ist und die Inschrift Giacinto Salvini trägt. Nachdenklich setzt er sich auf eine der Leitersprossen.

Ivo: Immer die gleiche Frage. Ist es denn möglich, daß man nie wieder von euch hört? Nichts, von keinem von euch... Ja, ich weiß, ihr seid alle tot, und ihr seid alle tüchtig gewesen, sehr tüchtig, das ist sicher nicht einfach... ich hab das nie geschafft, keine Ahnung, wie man das anstellt... Und wir können uns nicht mehr begegnen, das geht nicht, und es darf auch nicht sein, hört ihr? Aber wo seid ihr nur? Manchmal denke ich, daß es doch irgendwo... irgendwo auf der Welt ein Loch geben muß, eine Öffnung, die hinüberführt zu jener anderen Seite...

Er blickt nach oben und bemerkt genau über sich ein kreisrundes Loch in der Überdachung. Verblüfft steigt er die letzten beiden Leitersprossen hinauf und steckt den Kopf in das Loch, der auf der anderen Seite des Flachdachs wieder auftaucht. Genau in diesem Augenblick gleitet über ihm der von Pigafettas Pfiffen angelockte Vogel durch die Luft und wirft seinen Schatten auf das mondbeschienene Dach. Langsam und elegant segelt der Rabe zu Pigafetta und Angelino hinab.

Pigafetta: Hier bin ich, mein Schöner. Ein Rabe läßt dich nie im Stich.

Angelino: Wo bist du denn gewesen, du Herumtreiber?

Plötzlich beginnt es zu donnern, und schon fallen die ersten Regentropfen. Der Oboist macht es sich in seiner Nische bequem, die ihm auch als Schlafstatt dient, während seine Frau sich zum Gehen anschickt.

Frau des Oboisten: Der Absatz ist mir auch abgebrochen. Ein Jammer ist das! Was willst du morgen essen? Ich mach dir Püree. Gute Nacht.

Salvini, der immer noch aus dem Loch im Dach herausschaut, ist über den Regen höchst beglückt und ruft zu den anderen hinunter...

Ivo: Es regnet!

Offenes Land. Außen. Nacht.

Von Wind und Regen gepeitscht, fährt eine offene Kutsche durch die von Blitzen zerrissene Nacht. Auf dem Bock sitzen zwei elegante Herren mit Zylinderhüten und schwarzen Mänteln. In der Kutsche sitzt zufrieden lächelnd unter einem aufgespannten Schirm, der ihn vor dem Regen schützt, der bärtige Professor Falzoni, dem wir schon im Haus des Oboisten begegnet sind. Salvini, der sich die Jacke über den Kopf gezogen hat, um sich so gut es geht vor dem Regen zu schützen, beobachtet freudig erregt die Kutsche, als sei es das Normalste auf der Welt, zu dieser Stunde und bei einem solchen Unwetter in einer offenen Kutsche spazierenzufahren.

Ivo: Aaah, aaah, genau so habe ich mir den lieben Gott vorgestellt, der mit der Kutsche spazierenfährt, wenn es donnert, wie meine Großmutter immer sagte.

Er rennt auf einen großen Baum zu, um Schutz zu suchen, während der Donner kracht und grelle Blitze am Himmel zucken, so daß der ganze Baum aufzuleuchten scheint.

Ivo: Herrlich! Ich liebe Gewitter! Schon als Kind machten mich Gewitter so froh, es war ein Fest für mich, und ich hörte gar nicht, wie meine Großmutter nach mir rief: Pinocchinoooo!

Stimme der Großmutter: Pinocchinooo!

Und da erscheint auch schon die dunkle Gestalt der Großmutter, die auf Ivo zugelaufen kommt. Wie eine Glucke hebt sie ihren weiten schwarzen Rock, um den Enkel zu beschützen.

Großmutter: Pinocchino, schlüpf hier drunter, komm mit nach Hause!

Unter dem Rock der Großmutter läßt sich Salvini zufrieden zu einem großen Bauernhaus führen.

Haus der Salvini. Innen. Nacht.

Ein großer Raum im Haus der Salvini, der zugleich Küche, Wohnstube und Schlafzimmer ist. In einem weiten, weißen Nachthemd und mit einem Handtuch über dem Kopf, sitzt Salvini vor dem riesigen Kamin, in dem ein Feuer brennt, und schlürft warme Milch aus einer Schale. Seine Füße mit den nassen Schuhen, die er zu dicht ans Feuer hält, fangen an zu qualmen.
Wie in Bauernhäusern früher üblich, enthält das große Zimmer die verschiedensten Gegenstände: ein breites Holzbett mit wuchtigem Kopfteil, eine Holzleiter, einen Schaukelstuhl. Ein Fahrrad hängt an der Wand, und in einer Ecke liegen Äpfel auf einem Haufen. Von einer Wand zur anderen ist quer durch den Raum eine Wäscheleine gespannt, an der ein Bettlaken aufgehängt ist, das am Kaminfeuer trocknen soll. Die Großmutter, ebenfalls in einem weißen Nachthemd, ist damit beschäftigt, weitere Wäschestücke aufzuhängen.

Großmutter: Jetzt läßt du auch noch deine Schuhe anbrennen! Du wirst Pinocchio immer ähnlicher.

Ivo: Pinocchio hatte doch keinen richtigen Vater, stimmt's, Großmutter?

Großmutter: Ja.

Ivo: Ich auch nicht. Muß man unbedingt einen Vater haben?

Die Großmutter nimmt den Bettwärmer, ein Holzgestell mit einer Feuerkieke, aus der riesigen Bettstatt und stellt ihn auf den Boden, um Wäsche zum Trocknen darüberzuhängen.

Großmutter: Du hast doch einen Vater gehabt, mein armes Kind.

Ivo: Ja, natürlich hab ich einen gehabt. Aber Großmutter, in der Kutsche vom lieben Gott hab ich den Papa nicht gesehen, und die Mamma auch nicht!

Großmutter: Nun ja, er kann doch nicht immer nur die beiden spazierenfahren, er muß auch mal die anderen mitnehmen, bedenke doch, wie viele es sind.

Ivo: Ach so!

Großmutter: Hast du deine Milch ausgetrunken?

Die Großmutter zieht dem Enkel die nassen Schuhe aus.

Großmutter: Laß uns schlafen gehen, komm!

Ivo: Kommt der Mond heute erst später? Großmutter, weißt du, daß ich heute morgen eine Pappel war?

Großmutter: Na wunderbar! Das ist ja schon etwas! (lacht)

Ivo geht zur Leiter an der Wand und steigt hinauf, während er voller Begeisterung erzählt...

Ivo: Ja, wirklich! Das muß ich dir erzählen. Es ist gar nicht schwer, eine Pappel zu werden, das ging fast wie von selbst. Ich hab mich ganz still neben den Baum gesetzt und hab ihn gefragt: Wie geht's dir, Pappel? Und da hat sie mir gleich gezeigt, wie es ihr geht. Meine Füße wuchsen in die Erde hinein, die Zehen wurden immer länger und verzweigten sich wie Wurzeln, und dann hatte ich auf einmal vier, zehn, hundert Arme, und ein frischer Wind blies mir durchs Haar, ein frischer reiner Wind, den ich mit all meinen Blättern einatmete... denn aus meinen Haaren waren Millionen kleiner Blätter geworden... Ach, ich war ganz hoch oben am Himmel... und unten sah ich winzig klein unser Haus, und dich habe ich auch gesehen, Großmutter, draußen auf dem Hof. Wie klein du warst! Ich hab dich gerufen, Großmutter, Großmutter, rief ich...

Großmutter: Genug jetzt, mach, daß du runterkommst. Auch Pappeln müssen schlafen.

Ivo: Hast du mich wirklich nicht gehört, Großmutter?

Die Großmutter zieht den Enkel von der Leiter herunter, um ihn ins Bett zu bringen.

Großmutter: Komm her, Pinocchio... Schlüpf unter die Decke!

Aber Salvini entwischt ihr und kriecht unter das Bett.

Ivo: Warte einen Augenblick, ich muß erst nachsehen, was unter dem Bett ist!

Großmutter: Nichts ist unter dem Bett, und es wird kalt. Komm hervor.

Doch der Knabe ist anderer Meinung. Fasziniert späht er unter dem Bett hervor auf die Flammen im Kamin und lauscht dem Knacken der brennenden Holzscheite.

Ivo: Nein, hier unten ist es wunderschön, Großmutter, was es da alles zu sehen gibt! Schau doch das Feuer an!... Wohin fliegen nur all die Funken? Wohin geht das Feuer, wenn es erlischt?

Jetzt ist der große Raum nur noch vom Licht des Kaminfeuers erhellt. Salvini und die Großmutter liegen in dem breiten Bett. Die Großmutter schläft, Salvini hingegen ist immer noch mit seinen Fragen beschäftigt, auf die er keine Antwort weiß.

Ivo: Das ist wie mit der Musik, von der auch niemand weiß, wohin sie geht, wenn sie aufhört (summt den Schlußtakt einer Melodie). Wie viele Gedanken mir durch den Kopf gehen, Großmutter, aber sie fliegen davon, wie die Funken dort. Wie kann man sie festhalten, Großmutter? Kannst du das, Großmutter? He! Großmutter?!...

Er setzt sich im Bett auf und blickt verwirrt auf den Mond, der hoch oben am Himmel steht und durch das Fenster hereinscheint.

Ivo: ... wie schön sind Erinnerungen, schöner als das Leben selbst. Und überhaupt, wo ist der Unterschied? Ich erinnere mich, wie ich in jener Nacht bei dem Gewitter Lust bekam, sie zu besuchen...

Dorfplatz. Außen. Nacht.

Wir nähern uns dem Städtchen. Ein Blitz läßt die phosphoreszierenden Augen der Katzen auf einem großen Werbeplakat aufleuchten. Die Jacke über den Kopf gezogen, steht Salvini im strömenden Regen auf der zu der späten Stunde und bei dem schlechten Wetter menschenleeren Piazza. Er blickt zu dem geschlossenen Fenster eines Hauses hinauf. Von einem Erdhaufen, der bei Bauarbeiten auf dem Marktplatz aufgeschüttet wurde, hebt er ein Steinchen auf, nimmt Anlauf und wirft es zu dem Fenster hinauf. Nach einer Weile werden die Fensterläden aufgestoßen, und es erscheint das lächelnde Gesicht eines jungen Mädchens: Susy.

Susy: Du bist's? Geh weg, verschwinde!

Ivo: Was macht ihr gerade? Schläft sie? Schlaft ihr? Ich habe einen Brief. Nein, nicht von mir, aber sie wird sich darüber freuen, sie wartet darauf!...

Susy: Es ist stockfinster. Das Licht ist ausgefallen.

Ivo: Ich komme für einen Augenblick herauf, wirklich nur für einen Augenblick.

Susy: Warte, du verantwortungsloser Kerl, ich komme runter.

Das Mädchen klappt die Fensterläden wieder zu, und Salvini läuft zur Haustür unter den Arkaden. Drei Modepuppen in weißen Brautkleidern, die sich in einem der Schaufenster zu Glockenspielklängen um sich selbst drehen, ziehen für einen Augenblick seine Aufmerksamkeit auf sich. Susys Stimme holt ihn in die Wirklichkeit zurück.

Stimme von Susy: Komm rein, du Schuft.

Atrium im umbertinischen Stil. Innen. Nacht.

Susy, das Mädchen, das wir oben am Fenster sahen, hat ein breites, fröhliches Gesicht, das durch die Lockenwickler und Bändchen im Haar noch runder wirkt. Offenbar hat Salvini sie aus dem Schlaf gerissen, denn sie trägt ein langes Nachthemd und hat sich nur eine Jacke umgehängt. In der Hand hält sie eine brennende Kerze.

Susy: Haben wir deinetwegen nicht schon genug durchgemacht, ich, meine Schwester, Mamma und Papa?!

Ivo: Nur eine Sekunde...

Susy: Leise! Leise!

Ivo: Ich bin ganz leise... pssst.

Susy (faßt Ivos Jacke an): Die ist ja klatschnaß!

Ivo: Ja, ein bißchen.

Susy: Das nasse Ding kannst du nicht anlassen. Na los, zieh sie aus.

Sie nimmt ihm die nasse Jacke ab und hängt ihm zärtlich ihre eigene um.

Ivo: Danke!

Um das tun zu können, muß sie ihm jedoch die Kerze geben.

Susy: Da, nimm du sie!

Ivo: Ah, die Kerze. Aber hier kann ich mich nicht abtrocknen... Gehen wir nach oben, du hast selbst gesagt, daß ich klatschnaß bin.

Susy: Was? (sie zeigt ihm den Vogel) Hier. Plemplem!

Ivo: Ich brauche nur eine Minute zum Abtrocknen. Nimm mich mit hinauf!

Susy: Du machst wohl Scherze, wie?

Salvini schiebt Susy, die ihm die Kerze wieder abgenommen hat, zur Treppe.

Ivo: Ich schwör's dir, ich bleibe nicht länger als dreißig Sekunden, du riskierst überhaupt nichts. Nur einen Augenblick, ja? Geh du voraus, Schätzchen, so ist's brav!

Susy: Aber das geht doch nicht.

Obwohl Susy Widerstand leistet, gelingt es Salvini, sie den ersten Treppenabsatz hinaufzuschubsen.

Haus von Susy. Treppenhaus. Innen. Nacht.

Salvini drängt und schiebt Susy, die die brennende Kerze in der Hand hält, weiter die Treppe hinauf.

Ivo: Paß auf die Stufen auf, mein schönes Susylein. Wie oft komme ich im Traum in dieses Haus und steige diese Treppen hinauf, jede Nacht, und nun tue ich es wirklich, und das habe ich dir zu verdanken.

Susy: Sei doch brav, hör auf mich, geh nach Hause. Du läßt mich Sachen machen... Halt mich fest, ich falle.

Verführerisch lehnt sie sich gegen das Treppengeländer und bietet sich ihm an, während sie lustvolle Seufzer ausstößt.

Susy: Sag doch... ich gefall dir wohl überhaupt nicht, hm?

Ivo: Wie kommst du denn darauf? Ich empfinde mehr als Sympathie für dich... Anziehung... Aber die Achtung vor dir... laß mich, ich schau sie nur von der Tür aus an, Susy, nur von der Tür aus.

Susy ist so erregt, daß sie gar nicht merkt, wie Salvini ihr die Kerze aus der Hand nimmt und weiter die Stufen hinaufeilt.

Susy: Oh ja, nein, ja, ja... wohin gehst du?

Wütend und enttäuscht läuft sie ihm nach, um ihn festzuhalten und die Kerze wieder an sich zu reißen.

Susy: Fort mit dir! Verschwinde, mach, daß du runterkommst! Jetzt reicht's!

Ivo: Ich geh nicht rein. Ich bleibe hier. Ich mach die Tür nur einen Spaltbreit auf. Laß sie mich sehen, Susy, ich will nur einen Blick auf sie werfen, nur einen Blick! Ich wecke sie bestimmt nicht auf.

Susy: Na warte, gleich schreie ich! Warum bist du nur so?!

Ivo: Psst, sei still!

Salvini öffnet vorsichtig die Tür zum Schlafzimmer von Susy und ihrer Schwester Aldina.

Susy: Du lieber Gott!

Ivo: Leuchte mir, halte die Kerze über sie!

Schlafzimmer von Aldina. Innen. Nacht.

Das Licht ist so spärlich, daß Salvini das schlafende Mädchen, von dem ein Leuchten auszugehen scheint, nicht richtig sehen kann.

Susy (fast weinend): Ich flehe dich an, wenn du Aldina nur ein klein bißchen liebhast, dann geh jetzt!

Salvini aber läßt sich nicht abhalten, ja er will sogar die Kerze wieder an sich nehmen.

Ivo: Psst... Gib her. Ich will sie nur einen Augenblick anschauen... psst...

Susy: Nein... nein... nein...

Ivo: Sei doch lieb...

Vorsichtig schleicht er ans Bett, und nun erblickt er endlich das Gesicht der begehrten Frau, ein zartes, alabasterweißes Gesicht, das von einem magischen Licht umgeben zu sein scheint.

Ivo: Sie ist wie der Mond... Sie ist der Mond. (Hingerissen murmelt er einige Zeilen von Leopardi) Was tust du, Mond, am Himmel, sag mir, was tust du, stiller Mond? Mühsal ist mein Leben, oh teurer Mond, und nie wird es sich wandeln...

Salvinis Stimme weckt Aldina auf. Als sie die männliche Gestalt erblickt, die vor ihr steht, reißt sie entsetzt die Augen auf und stößt einen Schreckensschrei aus.

Aldina: Huuh! Wer ist da? Hilfe!!! Susy, Susy, ein Einbrecher! Da ist ein Einbrecher, da ist er, da drüben! Hilfe, Susy, Hilfe!!!

Voller Panik und laut schreiend greift Aldina nach einem Schuh und schleudert ihn nach dem Eindringling. Salvini kann den Wurf abwehren, indem er den Schuh auffängt, doch fällt ihm dabei die Kerze aus der Hand und erlischt. Während Susy in der Finsternis nach der Kerze sucht und Aldina weiter Schreie ausstößt, gelingt es Salvini, Reißaus zu nehmen. Susy versucht die Schwester zu beruhigen.

Susy: Da ist niemand, wer soll denn da sein? Es war der Regen, ein Gewitter.

Aldina: Ach was, Gewitter. Wer war das?

Piazza. Außen. Nacht.

Der Regen hat fast aufgehört. Die Piazza ist naß und immer noch menschenleer. Die Turmuhr schlägt zwei. Im Scheinwerferlicht eines Autos erscheint ein Mann in einem alten weißen Trenchcoat, der unter einem aufgespannten Regenschirm am Kriegerdenkmal steht. Es ist der Präfekt Gonnella. Das Auto hält an. Der Fahrer (Doktor Brambilla) beginnt mit lauter Stimme auf Gonnella einzureden.

Dottor Brambilla: Gonnella, mein Ehrenwort, daß ich Ihnen nicht nachspioniere. Ich will Sie doch nur überreden, nach Hause zu gehen. Gehen Sie schlafen, wie alle Menschen. Sie werden sich noch eine böse Erkältung holen. Sie wissen doch, Ihre Gesundheit liegt mir sehr am Herzen!

Gonnella ist wütend und will keine Arztratschläge hören.

Gonnella (empört): Was erlauben Sie sich eigentlich? Wie kommen Sie dazu, Passanten zu belästigen? Ich bin in einer privaten Angelegenheit hier. Ich habe zu tun, ich ar-bei-te!

Dottor Brambilla: Ich zweifle nicht daran, aber gestatten Sie mir die Frage: Wen wollen Sie zu dieser Stunde auf der Straße treffen? Sehen Sie nicht, daß kein Mensch da ist? Die Welt wird nicht untergehen, wenn Sie einmal auf mich hören. Gehen Sie ins Bett und nehmen Sie die Tropfen aus dem grünen Fläschchen. Tun Sie, was ich Ihnen sage.

Gonnella (verächtlich): Sie sind ein Niemand! Und hören Sie mir nur zu, ich halte Sie auch nicht für einen Arzt, haben Sie verstanden? Lassen Sie mich jetzt bitte in Frieden, ich brauche keinen Begleiter, ich kenne den Weg.

Gonnella macht sich auf den Heimweg, während Doktor Brambilla aus dem Auto steigt.

Dottor Brambilla (lachend): Nun kommen Sie schon, Signor Gonnella...

Gonnella: Prefetto, Signor Prefetto! Für Sie bin ich immer noch der Herr Präfekt, gerade für Sie! Hier bin ich schon zu Hause...

Dottor Brambilla: Entschuldigen Sie, ich will Ihnen nur noch ein bißchen leuchten.

Immer noch lachend, steigt der Doktor wieder in seinen Wagen und läßt den Motor an. Im Licht der Autoscheinwerfer langt Gonnella an seiner Haustür an und steckt den Schlüssel ins Schloß.

Gonnella: So, da wären wir! In Erwartung angemessenerer und würdigerer Wohnverhältnisse, mein freundlicher, aber unerwünschter Begleiter, wäre ich zu Hause angekommen. Schalten Sie Ihre Scheinwerfer also ruhig aus und fahren Sie in Ihr Dorf zurück.

Dottor Brambilla: Einverstanden, gute Nacht! (lacht)

Brambilla schaltet die Scheinwerfer aus, und Gonnella klappt den Regenschirm zu, nimmt den Hut ab und verabschiedet seinen ungebetenen Begleiter mit einer Verbeugung.

Gonnella: Verbindlichsten Dank!

Dann tritt er ins Haus.

Haus von Gonnella. Hausflur/Treppe. Innen. Nacht.

Der Präfekt schließt die Tür von innen ab und steigt in dem heruntergekommenen Hausflur mit kahlen, abbröckelnden Wänden die Treppe hinauf. Auf halber Höhe hält er argwöhnisch inne, als spüre er die Anwesenheit eines anderen. Er späht nach oben und geht dann weiter bis zum Treppenabsatz im ersten Stock, wo ein hagerer, bärtiger Alter (Salvatore) mit einem dunklen Mantel um die Schultern auf ihn wartet.

Salvatore: Dottor Gonnella, ich hab mir schon Sorgen gemacht! Es ist schon so spät. Sind Sie naß geworden? Oh ja, Sie sind ja ganz naß! Wollen Sie heute nicht zu uns hereinkommen? Ein Tröpfchen Wein bei diesem Sauwetter, unter Gleichaltrigen... Es wäre wirklich eine große Ehre für uns.

Er öffnet die Wohnungstür gegenüber der Wohnung von Gonnella, und wir sehen ein paar alte Leute, die rauchen und trinken.

Gonnella: Nein danke, ich bin müde.

Und ohne ein weiteres Wort tritt er in seine Wohnung und macht die Tür hinter sich zu. Enttäuscht über Gonnellas abweisendes Verhalten, kehrt Salvatore zu den Alten in die Wohnung zurück, läßt jedoch die Tür offen.

Erster Alter: Schade, so ein netter Nachbar.

Salvatore: Soll ich's ihm sagen?

Erster Alter: Ja!

Salvatore (ruft laut): Dottor Gonnella, kommen Sie! Wissen Sie, wer da ist?

Gonnella öffnet seine Wohnungstür und reckt den Hals, um zu sehen, wer in Salvatores Wohnung ist.

Salvatore: Erinnern Sie sich? Sie möchte Ihnen so gerne guten Abend sagen, Dottore. Bitte, kommen Sie doch rüber, hier ist's warm und gemütlich, hier herrscht Friede und Freude.

Alte Frau: Kommen Sie, kommen Sie, wir haben eine schöne Torte für Sie gemacht, Signor Gonnella.

Doch nachdem der Präfekt einen Blick in die Wohnung des Alten geworfen hat, kehrt er entschlossen in seine Wohnung zurück. Salvatore läßt nicht locker.

Salvatore (zu den alten Leuten): Wartet hier! Bleibt ganz still sitzen, ich geh mal nachschauen.

Er schleicht über den Flur und späht durch das Schlüsselloch in Gonnellas Wohnung.

Wohnung Gonnella. Innen. Nacht.

Gonnella, der schon geahnt hat, daß man ihm nachspionieren würde, blickt seinerseits durch das Schlüsselloch. Als er sieht, daß sich seine Ahnung bestätigt, greift er nach einem Stuhl, stellt ihn behutsam an die Tür, steigt hinauf, preßt seinen Hintern ans Schlüsselloch und schickt dem lästigen Schnüffler einen lautlosen Furz.

Flur im Haus Gonnella. Innen. Nacht.

Beschämt zieht Salvatore sich in seine Wohnung zurück.

Wohnung Gonnella. Innen. Nacht.

Der Präfekt liegt im Bett und schläft. Salvatore und sein Freund (der erste Alte) beugen sich in der Dunkelheit über ihn und reden leise, als fürchteten sie, ihn aufzuwecken, auf ihn ein.

Salvatore: Dottor Gonnella, schlafen Sie ruhig.

Erster Alter: Wir sind hier, Sie brauchen nur zu schlafen.

Salvatore: Wir kümmern uns um alles. Brauchen Sie irgend etwas? (keuchend) Einen Kamillentee?

Gonnella, den die Stimmen aufgeweckt haben, öffnet ein Auge und starrt die über ihn gebeugten Gestalten an. Zuerst ist er ein wenig verwundert, dann jedoch setzt er sich halb belustigt, halb ärgerlich im Bett auf und fängt zu lachen an.

Gonnella: Aber... aber das ist doch... hat man denn nicht einmal im eigenen Schlafzimmer seine Ruhe? Kaum macht man ein Auge zu, da kommt ihr schon hereingeschlichen mit eurem (brüllt immer lauter) stinkenden Atem, um mich anzustecken!

Er knipst das Licht an und springt brüllend aus dem Bett.

Aber paßt nur auf! Hütet euch vor mir! Ich kann kämpfen, und zack, zack, zack, za...

Er vollführt ein paar komische Kampfbewegungen, doch bald bemerkt er, daß sich niemand im Zimmer befindet und daß es fast Tag ist. Von der ungewohnten körperlichen Anstrengung keuchend, blickt er umher und läuft auf der Suche nach den Phantasmen, die ihn bedrängten, um den mitten im Zimmer stehenden großen Schrank herum, aber es ist wirklich niemand da. Er setzt sich auf das Sofa, doch ein Geräusch läßt ihn sofort wieder aufspringen: es ist die Schranktür, die sich von selbst geöffnet hat. Im Schrank steht ein großes Gemälde, das eine nicht mehr ganz junge Frau darstellt. Mißmutig macht der Präfekt die Schranktür wieder zu, während er zu dem Gemälde spricht...

Gonnella: Diese Dreckslarven wollen mich anstecken mit ihrem scheußlichen Gebrechen: dem Alter. Aber glaube mir, ich halte ihnen stand, ich weiß mich zu wehren, es wird ihnen nicht gelingen.

Er läßt sich in einen Sessel fallen und döst vor sich hin, bis ihn das Läuten der Kirchenglocken weckt. Nach dem hellen Licht zu urteilen, das durch das halboffene Fenster hereinfällt, ist der Tag schon weit fortgeschritten.

Piazza. Außen. Tag.

Es ist Markttag. Auf der Piazza herrscht das übliche Durcheinander. Die Leute schlendern zwischen den Verkaufsständen der fliegenden Händler herum. Die größte Aufmerksamkeit zieht der Marktschreier Testarossa auf sich, so genannt wegen seines roten Haarschopfs. Er steht auf seinem Lastwagen, der zugleich als Verkaufsstand dient, und preist seine Ware an: Damenkleider, Jeans, Röcke... Um das allgemeine Chaos noch zu vergrößern, sind Arbeiter dabei, mit einem Bagger für Kanalisationsarbeiten die Straße aufzureißen. Und zu allem Überfluß ist gerade ein Bus mit japanischen Touristen eingetroffen, alle mit dem unvermeidlichen Fotoapparat. Einige von ihnen fotografieren die Kirche und den Kirchturm.

Testarossa: Meine Damen, alles geschenkt. Kommen Sie, kommen Sie, Sie werden gut bedient! Testarossa, der Verrückte, ist da! Meine Süßen, ich habe alles, was ihr wollt, für den Haushalt, fürs Bad, für Bett und Schlafzimmer! Sehen Sie nur dieses Négligé! Glauben Sie mir...

Chiodo: Testarossa, mein Kompagnon, sagt, daß er im Irrenhaus war, als Pfleger, behauptet er. Aber ich glaube ihm das nicht, er war selbst verrückt, und jetzt hat er mich auch noch mit seiner Verrücktheit angesteckt.

Salvini sitzt in Gedanken versunken auf einer Stufe am Denkmal mitten auf der Piazza. Das Glockengeläute weckt ihn aus seinen Tagträumen. Als er die japanischen Touristen mit ihren Fotoapparaten bemerkt, springt er mit einem Satz auf, läuft zu einem der Japaner und nimmt ihm, ununterbrochen auf ihn einredend, die Polaroidkamera aus den Händen. Der Japaner läßt ihn verdutzt gewähren, ohne ein Wort zu verstehen. Endlich wird ihm klar, daß der sonderbare und aufdringliche Kerl nichts anderes will, als selbst den Kirchturm zu fotografieren.

Ivo: Wie viele es sind! Haltet doch still! Entschuldigen Sie, ich gebe Ihnen die Kamera gleich zurück. Nur einen Augenblick. Sehen Sie doch, wie viele Scheiben vom Kirchturm herabgeflogen kommen. Sie sehen nichts? Silbern sind sie, silbern und glänzend. Sie kommen hier reingeflogen und fliegen mitten durch meinen Kopf, jawohl.

Salvini fotografiert die Glocken, doch als er das Foto aus der Kamera zieht, macht er ein langes Gesicht und gibt die Kamera enttäuscht ihrem Eigentümer zurück.

Ivo: Ach, sie sind nicht drauf. Es ist nichts geworden, aber bald wird man auch Dinge fotografieren können, die die anderen nicht sehen. Ihr Japaner seid doch allen anderen voraus, ihr könntet eine große Hilfe für mich sein, und ich für euch auch.

Testarossa: In den Geschäften? Was Sie in den Geschäften kaufen, ist nur schöner Schein; hier bei mir ist alles echt. Alles beste Qualität. Sehen Sie sich diese Socken an, ganz aus schottischem Tuch. Machen Sie Ihrem Herrn Gemahl eine Freude, man wird ihm applaudieren, wenn er die Schuhe auszieht...

Don Antonio, der Priester des Städtchens, ein jugendlich wirkender Mann im Priesterhabit, hilft einigen Arbeitern, eine weiße, völlig schmucklose Marienstatue aus einem Lastwagen zu heben, eine von vielen, die sich noch in dem Lastwagen befinden.

Don Antonio: Ich helfe euch. (Wirft einen zweifelnden Blick auf die Statue) In meiner Erinnerung ist sie größer! Nun ja, tragen wir sie in die Kirche.

Laut hupend, um in all dem Gedränge auch bemerkt zu werden, kommt eine Limousine mit livriertem Chauffeur angefahren. Ein Herr steigt aus, von kleiner Statur, aber elegant gekleidet. Er tritt sehr selbstbewußt auf, wie einer, der es gewohnt ist, Befehle zu erteilen. Es ist der Commendatore Cochi, ein reicher Grundbesitzer. Don Antonio begrüßt ihn.

Don Antonio: Ah! Commendatore, also am Sonntag, ja?

Cochi: Versprochen, Don Antonio.

Don Antonio (auf die Madonna deutend): Sie ist die Schönste von allen.

Cochi: Ich werde sie am Sonntag in der Kirche bewundern!

Dann, zum Bankdirektor gewandt, der ehrerbietig herausgekommen ist, um ihn zu begrüßen.

Bankdirektor: Danke, Commendatore, wir sind alle da, auch der Präsident.

Cochi: Haben Sie in Detroit angerufen?

Ein Herr (der Rechtsanwalt) deutet auf die Madonnenstatuen im Lastwagen und sagt in gestelztem Ton zu einem der Umstehenden, einem Freund von ihm...

Rechtsanwalt: Kein zufälliger, sondern ein emblematischer Beweis, daß die Madonnen als eigene Rasse zu betrachten sind. Ich behaupte das schon seit jeher und mache Don Antonio damit wütend. (Lächelt selbstgefällig)

Don Antonio: Herr Rechtsanwalt, ich kann einfach nicht glauben, daß ein seriöser und angesehener Mann wie Sie solche Dummheiten amüsant finden kann.

Währenddessen preist Testarossa unermüdlich seine Waren an.

Testarossa: Und nun das Wunder aller Wunder! Leider habe ich nur noch wenige Stücke davon da, denn sie finden reißenden Absatz. Teller, Tellerchen, Schüsseln, Tassen, Täßchen! Gut und gerne eine Million habe ich davon verkauft! Liebe Hausfrauen, auch wenn Sie vom Kochen nichts verstehen, alles was Sie in diese Teller füllen, schmeckt wie im Grand-Hotel!

Rechtsanwalt: Don Antonio, ich verstehe nicht, warum meine Theorie eine Blasphemie, ein Sakrileg sein soll. Ich sage nicht Volk, ich sage Rasse.

Während die Arbeiter die Marienstatue in die Kirche tragen, nutzt eine alte Frau die Gelegenheit, die Figur zu berühren und sich zu bekreuzigen.

Alte Frau: Liebste Muttergottes, gib, daß mein Enkel Ottavio seine Vespa zurückkaufen kann, die er hat verkaufen müssen, der Ärmste.

Don Antonio: Legen Sie doch mal eine andere Platte auf, Herr

Rechtsanwalt! Ich kenne Ihre Scherze schon auswendig und konnte nie darüber lachen!

Rechtsanwalt: Sie leben gerne in der Einsamkeit, meist auf dem Land, in Baumwipfeln verborgen, und erscheinen den Vorübergehenden, vorzugsweise Hirten, noch besser jungen Hirtinnen!

Don Antonio (ungehalten): Ich bitte Sie! Sie haben wohl nichts zu tun?

Rechtsanwalt (immer noch breit grinsend): Da muß ich doch fragen: Warum erscheinen sie immer unwissenden Kindern und so gut wie nie verständigen und gebildeten Erwachsenen, die ihnen präzise Fragen aus theologischer Sicht stellen könnten...

Don Antonio gibt den Disput mit dem Rechtsanwalt auf und eilt den Arbeitern, die die Statue in die Kirche tragen, zu Hilfe.

Don Antonio: Jungs, wartet doch auf mich! Ihr wißt ja gar nicht, wo sie hingestellt werden soll! Sollen wir sie etwa durch die ganze Kirche schleppen, wie damals den heiligen Antonius? Der Bischof müßte auch schon hier sein, um sie zu weihen, aber er hat sich noch nicht blicken lassen.

Gerade als die Arbeiter mit der Statue durch das Portal treten, verläßt eine ältere Dame in einem schlichten braunen Mantel mit schäbigem Pelzkragen die Kirche. Auf dem Kopf trägt sie einen altmodischen Turban. Man sieht, daß sie einmal schön gewesen sein muß, doch nun ist ihr Gesicht von Falten durchzogen, und ihr Blick ist voller Schwermut. Es ist die Herzogin von Alba, die Frau, die auf dem Gemälde im Schrank des Präfekten Gonnella dargestellt ist. Als die Herzogin Salvini erblickt, der vor der Kirche steht, geht sie auf ihn zu und sagt leise zu ihm...

Herzogin von Alba: Sind Sie ihm noch einmal begegnet?

Ivo: Nein.

Herzogin von Alba: Sie haben ihn nicht mehr gesehen? Vielleicht habe ich Sie verwechselt, entschuldigen Sie.

Bevor Salvini etwas antworten kann, ist die Frau schon weitergegangen.

Testarossa: Kommen Sie, kommen Sie zu mir, zum verrückten Testarossa. Jeder weiß, daß ich Pfleger im Irrenhaus war. Aber dann hab ich meinen Job verloren, und jetzt arbeite ich für Sie.

Salvini, der nachdenklich stehengeblieben ist, wird von einer Punkerin (Rossella) in Jeans und Lederjacke in die Wirklichkeit zurückgeholt.

Rossella: Sieh mal, da ist Testarossa! Komm hier weg.

Testarossa: Ein bißchen aber habe ich mich angesteckt, deshalb bin ich jetzt verrückt genug, mich für Sie zu ruinieren.

Rossella: Um dich ist's nicht schade.

Ivo (zu Testarossa): Guten Tag, wie geht's?

Testarossa: Und dir? Du hast dich ja gar nicht mehr sehen lassen! Mir geht's gut. Einen Augenblick, meine Damen, ich muß einen guten Freund begrüßen, währenddessen will ich die nächste Verrücktheit begehen: ich gebe Ihnen drei Kleider zum Preis von einem, Sie brauchen nur zu wählen, und bezahlen können Sie morgen oder übermorgen oder wann Sie wollen.

Rossella antwortet an Ivos Stelle.

Rossella: Gut. Es geht ihm ausgezeichnet.

Ivo: Danke, alles in Ordnung. Ich habe eine gute Phase. Ich bin zufrieden.

Chiodo (mit boshaftem Grinsen): Siehst du, wie gut es ihm geht?

Um zu beweisen, daß er bei bester Gesundheit ist, macht Salvini ein paar Kniebeugen.

Ivo: Gymnastik mache ich auch immer, und ich habe alle Vitamine, die ich brauche.

Rossella: Es geht ihm bestens, ich garantiere dafür.

Der junge Arzt, dem wir bereits in der Wohnung des Oboisten begegnet sind, entdeckt Salvini auf dem Platz vor der Kirche und geht auf ihn zu, um ihn zu begrüßen.

Junger Arzt: Wissen Sie, daß ich Sie schon von weitem erkannt habe, ich stand dort drüben, unter den Arkaden. Ich muß ihm guten Tag sagen, dachte ich. Wie geht's, lieber Freund?

Ivo: Wie viele nette Leute ich treffe! Heute ist wirklich ein Glückstag!

Junger Arzt: Ist ja auch Frühling.

Ivo: Ich habe Ihnen einen schönen Blödsinn erzählt, stimmt's, Dottore? Erinnern Sie sich an die Wasserhähne mit dem warmen Wasser?

Junger Arzt: Ah, Sie können sich vorstellen, wie es mich freut, Sie so reden zu hören. Sie machen sich, Salvini!

Testarossa: Und nun erteile ich meinem Kompagnon das Wort. Los, Chiodo, jetzt bist du dran, mir versagt die Stimme. Madonna, sehen Sie, wie häßlich er ist?

Chiodo: Wir sind wieder da! Alle diese Herrlichkeiten verkaufen wir nicht, wir verschleudern sie. Alles geschenkt, wie im Schlaraffenland! Und warum? Weil wir verrückt sind!

Salvini zu dem jungen Arzt...

Ivo: Aber jetzt ist es vorbei, bestimmt hat man sie repariert!

Junger Arzt: Warum setzen wir uns nicht? Reden wir ein bißchen miteinander, Sie haben doch nichts dagegen, oder?

Ivo: Bitte sehr.

Die beiden setzen sich auf die Treppenstufen vor der Kirche.

Junger Arzt: So ist's gut.

Ivo: Wissen Sie, es lag nur an diesem Wasserhahn, der ließ die sonderbarsten und finstersten Gedanken hochkommen. Lieber Himmel, das alles kommt mir vor wie die Erinnerung an ein anderes Leben.

Junger Arzt (lachend): So so!

Ivo: Und auch die Rolläden machen sie nicht mehr zu, jedenfalls nicht mehr so plötzlich wie sonst. Da saß man ganz ruhig da, ohne irgend etwas zu tun, und auf einmal rrrratsch! wurde der Rolladen runtergelassen.

Junger Arzt (immer noch lachend): Rrrratsch... Ja, ja, ich erinnere mich gut. Ich brachte Sie in Wut. »Vielleicht haben sie sie auch aufgemacht«, sagte ich zu Ihnen, aber Sie bestanden darauf, »nein, sie machen sie zu.« Darauf ich: »Ist auch besser so, was kann von einem offenen Rolladen, von dem keiner weiß, mit wem er was für Verbindungen hat, schon kommen? Besser, ihn zu schließen. Ein Segen, daß jemand sie für Sie schließt, das ist eine Schutzmaßnahme. Sie haben Freunde.«

Ivo: Sie sind ein schlauer Fuchs. Jetzt sollte ich aber lieber gehen.

Junger Arzt: Tut mir leid, ich will Sie nicht aufhal...

In diesem Augenblick sieht der Arzt, daß Ivo etwas unter seinem Hemd versteckt hat. Es ist Aldinas Schuh.

...wollen Sie ihn zum Schuster bringen? Oder ist das etwa Aschenputtels Schuh?

Ivo (lächelt dankbar): Was für eine schöne Idee! Ich weiß nicht warum, aber es freut mich, daß Sie das gesagt haben, danke. Aber jetzt muß ich gehen... Tatsache ist, ich halte es nicht mehr aus, immer in diesem Schwebezustand zu leben, wie auf einer Türschwelle, immer zu warten. Und dieses Warten nimmt kein Ende. Ich muß es wissen, Sie müssen mir helfen, endlich zu verstehen... Es geht nicht nur um mich, auch um Sie, um euch alle.

Junger Arzt: Gewiß!

Ivo: ... und es wird immer dringender, das ist Ihnen doch klar, nicht wahr? Es bleibt nicht mehr viel Zeit, Dottore, alles Gute.

Salvini verläßt den Arzt und mischt sich unter die Menge auf der Piazza. Er schlüpft unter dem Arm eines Baggers durch und bleibt an der Absperrung vor einem offenen Kanalschacht stehen. Neugierig blickt er in das Loch hinab, in dem ein junger Mann (Giuanin Micheluzzi) auftaucht, der sich wütend den Schutzhelm vom Kopf reißt, auf den Boden spuckt und in einer seltsamen, gutturalen Sprache zu schimpfen beginnt.

Giuanin: Sciaf, buna crapa Micheluz! Ah no possibil gir in tua crapa.

Sein Bruder (Vito Micheluzzi), ein gutgekleideter Herr an einem mit Skizzen und Papieren bedeckten Klapptisch, offenbar ein Vermessungstechniker, der die Bauarbeiten überwacht, übersetzt die seltsamen Worte.

Vito: Giovannino sagt, daß er diesem Spion früher oder später auf den Kopf spucken wird.

Giuanin: Oh Giuanin tuoi oci veder »sciaf« crapa. Oh fratelin dis' a te. Tut dei saver tu, pias Giuanin.

Giuanin, der bis zum Hals im Kanalschacht steht, hat Salvini an den Beinen gepackt und redet in seiner unverständlichen Sprache auf ihn ein. Der Bruder erläutert...

Vito: Ach, mein Bruder ist heute ein bißchen gereizt. Aber keine Sorge, er ist ein guter Kerl, und sehen Sie, Sie sind ihm sympathisch, das merke ich, und er will mit Ihnen sprechen.

Giuanin: Buna ribuna finis giuaninuna, ciaculun, ciaculun capis no diretur.

Ivo: Darf ich einen Blick hineinwerfen?

Salvini beugt hinunter, um in den Schacht zu spähen, und Giuanin packt ihn lachend am Kopf.

Giuanin: Tut, tut mal di mond. Buna é! Culp cumand, mi cumandat flam in fer giustar bus rot fer malà Buna, é Buna!

Salvini nimmt seinerseits Giuanins Kopf in beide Hände und spricht zu ihm wie zu einem Kind.

Ivo: Mein Kleiner, ich verstehe nichts, kein einziges Wort. Was sagst du? (zu Vito) Woher kommt er?

Vito: Es ist eine Geheimsprache, die wir uns selbst ausgedacht haben. Wir sprachen so, damit der Schuldirektor uns nicht versteht. Wir waren jahrelang im Internat.

Ivo: Ich auch! In welchem? In dem, das früher eine Festung und dann ein Kloster war?
Vito: Ja, genau in dem!
Giuanin: Infernu budelùn, budelùn, chi son dappertut, in de boster ca, in voster ces, arriva in de tut e tut divent mat. Perde nel cò! Buna, Buna è!
Vito: Immer redet er von dem Spion. Er sagt, er verteile die Strafen. Ihm habe er befohlen, dort hinabzugehen, in die Hölle, um sie instandzusetzen. Denn manchmal bröckelt etwas ab, es gibt Löcher, Rost bildet sich...
Giuanin: O d'insci, o d'insci, mi pudaria stupal ma l'è trò-tar e l'infer l'è riva chi, ma se no accorg-nessun...
Vito: Die Hölle ist wie ein Eisenrohr, sagt er, das unter der ganzen Stadt hindurchläuft, und an manchen Stellen wird es so eng, daß man sich wie eine Natter durchschlängeln muß.
Ivo: Ich möchte gerne mal runtersteigen, ich kenne mich aus, wissen Sie!
Vito: Halt!
Ivo: Nur ein kleines Stück!
Vito: Nein, habe ich gesagt!
Ivo: Und das Feuer, die Höllenqualen, all die Teufel...
Vito: Davon hat er nie etwas gesehen, sagt er.
Giuanin: Prim de buna gera così, m'ades mica pù. Lumbrichìn, bisciulìn, vermisìn, strunzetìn infilat nel busin. Crep de for gocciolin rubinet de cucin. Te saret mia resta incanà a guardà? Te podariat ciapal ti quel post di gucciulin del rubinet.
Vito: Nur kleine Maden, Gewürm, das durch die Rohrleitungen heraufkriecht und manchmal aus dem Wasserhahn im Bad oder in der Küche herausfällt. So sagt er. Das sind die Teufel, sagt er. Und schuld daran ist fast immer der Spion. Er sieht ihn auch jetzt, auch am Tag. Jetzt fordert er Sie auf, hinaufzuschauen.
Giuanin: Vardela, varda quel mus de merda, ma ta na ga voré mia per tanto! Te stacca Giuanin, mando a menagran in alter loc...

Ivo blickt zum Himmel hinauf, doch er kann nichts sehen.

Ivo: Was ist denn da?
Vito: Der Mond, der uns seit zigtausend Jahren bespitzelt, seit jeher bespitzelt er uns.
Ivo: Und was können wir da tun?

Giuanin: Speta e ti vedrà. Buna, ribuna finis giuanuna, buna ribuna...

Vito: Man muß ihn beseitigen, sagt er, er ist ohnehin zu nichts nütze.

Giuanin stülpt sich den Schutzhelm wieder über den Kopf und steigt hinunter, verfolgt von Salvinis neugierigem Blick.

Ivo: Ciao, Kleiner, viel Spaß bei der Arbeit!

Einige Arbeiter schleppen einen großen Wandspiegel über den Platz zu einem Möbelwagen. In dem Spiegel sehen wir eine Schar Jungen und Mädchen, die einen Kinderreim aufsagen.

Kinder: Guckst du zum Fenster raus,
kommt flink Frau Fledermaus,
breitet ihr Samtcape aus,
das zerren wir flugs ins Haus.
Machst du auf das Haustor,
kommt Frau Fledermaus vor
und will den Mantel holen,
den ha'm wir ihr gestohlen,
– und geben ihn nicht mehr her!
's wird Montag
der Mantel ist da
's wird Dienstag
der Mantel ist da
's wird Mittwoch
der Mantel ist immer noch, immer noch, da! (Lautes Gelächter)

Ein Polizist deutet auf die Möbelschlepper.

Polizist: Ein Umzug. Marisa zieht aus. Sie hat sich scheiden lassen. Sie hat den Prozeß gewonnen und nimmt die Möbel mit.

Marisa, die Eigentümerin der Möbel, eine hübsche Frau mit schwellenden Formen, die durch ein eng anliegendes knallrotes Tailleur mit Pelzkragen noch betont werden, beobachtet aufgeregt den Transport eines großen Schranks.

Marisa (zu den Möbelschleppern): Geht ein bißchen vorsichtiger damit um, der hat uns ein Vermögen gekostet. Das ist Wurzelholz.

Dann lehnt sie sich, von Verzweiflung überwältigt, an den Möbelwagen und bricht in Tränen aus.

Warum nur, warum?

Nicht weit von ihr stehen Marisas Mutter, eine elegante Frau, die energisch die Sache ihrer Tochter verficht, und der Reporter.

Marisas Mutter: ... bewegliche und unbewegliche Güter werden der obengenannten Marisa Mantovani, also meiner Tochter, zugesprochen, die darüber frei verfügen kann ... Das ist eine Verfügung des Amtsrichters, er hat selbst unterschrieben ...

Reporter: Aha. Nun dann ...

Marisas Mutter: ... gestern vormittag. Glauben Sie es jetzt? Geben Sie mir meine Handtasche wieder, danke, Ende.

Unwirsch entreißt sie ihm die Tasche, die er gehalten hat, während sie aus dem Scheidungsurteil vorlas. Der Journalist bemerkt, daß Marisa weint, und versucht sie zu trösten.

Reporter: Meine liebe Marisa ... (während er sich zusammen mit der Mutter entfernt) Und Don Antonio?

Marisas Mutter: Ich hab's ja vorausgesehen, aber sie wollten nicht auf mich hören. So ein schönes Mädchen! (ungeduldig schnaubend) Welcher Don Antonio?!

Unbeeindruckt von dem ganzen Durcheinander und ohne zu merken, wie ungeeignet der Moment ist, nähert sich ein fliegender Händler Marisas Vater, der ebenfalls den Möbeltransport verfolgt.

Fliegender Händler: Kauf diese Brieftasche! Bestes Leder! Zehntausend Lire! Schau mal, was für eine schöne Brieftasche. Fünftausend Lire, nur fünftausend! Ein Geschenk für deine Frau.

Marisas Vater: Ich hab kein Geld! Ich hab dir erst gestern eine abgekauft, ich brauch keine. Geschenke, so ein Quatsch, ich mach keine Geschenke.

Ein Motorradfahrer (der Fleischer Zardetto) ist hinzugekommen, ein stattlicher, muskulöser junger Mann im Lederanzug. Mit verwegenem Halstuch, die Sonnenbrille in die Stirn hochgeschoben, sitzt er auf seiner schweren, mit allen Finessen ausgestatteten amerikanischen Maschine. Er entdeckt Salvini und ruft ihm zu ...

Zardetto: Hallo, Freund! Was macht der Kopf? Alles okay?

Ivo: Meinst du mich? Mir geht's gut!

Salvini tritt zu der weinend am Möbelauto lehnenden Marisa.

Ivo: Wozu denn so viele Tränen, Signora Marisa? Entschuldigen Sie, wenn ich ...

Marisa: Es tut mir so leid, ich wollte es nicht. Wir hätten uns auch einigen können, ich bin doch vernünftig.

Ivo: Oh je! Dann sind Sie wirklich schlimm dran, ich kenne das.

Marisa: Wie meinen Sie das?

Ivo: Ich meine, daß uns Vernünftige keiner versteht!

Marisa: Ich hab ihn doch gern, wirklich, ich hab ihn liebgewonnen.

Ivo: Es kann auch sein Gutes haben, beruhigen Sie sich doch, beruhigen Sie sich.

Schluchzend sinkt Marisa in Ivos Arme, der sie zu trösten versucht. Zardetto, der die Szene ungerührt beobachtet hat, schaltet sich ein.

Zardetto: Na komm schon, Marisa, führ dich nicht auf wie ein kleines Mädchen. Du hast doch gewußt, daß er nicht der Richtige für dich ist. Komm her, komm, meine kleine Stute, du bist wie mein Motorrad, reines Dynamit bist du, und ich bin dein Sprengmeister, maßgeschneidert für dich...

Und er unterstreicht seine Worte, indem mit angespannten Muskeln die Arme hebt, um seine Körperkraft zur Geltung zu bringen.

Zardetto: Na, na! Wir beide sind doch ein bombiges Paar, oder?!

Damit geht er auf Salvini und die immer noch schluchzende Marisa zu. Salvini tritt ihm entgegen...

Ivo: Entschuldigen Sie, aber wie kann man eine Frau nur Stute nennen, Dynamit, Motorrad? Für mich ist das wirklich unvorstellbar.

Zustimmung heischend blickt er in die Runde.

Zardetto: Wieso läßt man diesen komischen Hampelmann allein herumlaufen?

Salvini fühlt sich beleidigt. Er nimmt die Brille ab, um auf die Herausforderung zu antworten.

Ivo: Wäre wohl irgend jemand so freundlich, meine Brille zu halten, denn ich möchte...

Doch Zardetto nimmt ihm selbst die Brille aus der Hand...

Zardetto: Die Hampelmannbrille halte ich, gib schon her.

Marisa, die eine Schlägerei befürchtet, versucht Salvini wegzuziehen.

Marisa: Nicht doch, lassen Sie ihn in Ruhe, ich bitte Sie. Ärgern Sie sich nicht, er tut so großsprecherisch, aber wissen Sie, er ist ein guter Kerl.

Dann geht sie zu Zardetto, hakt sich bei ihm unter und zieht ihn zu seinem Motorrad.

Marisa: Und du komm hier weg, komm.

Um zu demonstrieren, wie stark er ist, hebt Zardetto die immer noch weinende Marisa mit Leichtigkeit hoch und setzt sie auf den Soziussitz seines Motorrads.

Zardetto: Oho! Jetzt geht's los... setz dich, so ist's brav... jetzt fährt die schöne Marisa auf und davon... seid alle gegrüßt, Hampelmann inklusive!

Schutzmann (salutiert): Alles Gute, Marisa, stets zu Diensten.

Einer der Möbelträger wendet sich an Salvini.

Möbelträger: Er weiß nicht, wie schlimm es ist, wenn Sie wütend werden. (Auf Zardetto deutend, der mit röhrendem Motor davonfährt) Der hat vielleicht Schwein, der Kerl. 'ne heiße Braut ist das.

Auf einem Balkon im dritten Stock eines der Häuser an der Piazza ruft ein Mann (Nestore), der die ganze Szene beobachtet hat, immer lauter Salvinis Name.

Nestore: Ivo... Ivo... Ivo...

Salvini setzt sich die Brille wieder auf und blickt suchend nach oben. Als er den Mann auf dem Balkon entdeckt, ruft er erfreut...

Ivo: Nestore?!

Nestore: Ja, komm rauf, komm!

Salvini rennt auf die Haustür zu, während Marisas Vater mit den fliegenden Händlern und mit seiner Frau verhandelt...

Marisas Vater: Jetzt darf ich wohl nicht mal mehr tausend Lire ausgeben?

Marisas Mutter: Nicht für diesen Schund. (Zum Journalisten) Nein, die Verfügung kann ich Ihnen nicht überlassen. Auf die Zeitung pfeife ich. (Zu ihrem Mann) Ich hab dir doch eine zu Weihnachten geschenkt.

Haus von Nestore/Treppe. Innen. Tag.

Nestore, ein hagerer junger Mann mit sanftem Gesicht, beginnender Glatze und wohlklingender Stimme, kommt ins Treppenhaus hinausgelaufen, um den Freund zu begrüßen. Er ist nachlässig gekleidet, mit einer einfachen grünen Strickjacke, und hat einen Putzlappen in der Hand. Salvini rennt die Treppe hinauf, aber noch bevor er im dritten Stock angelangt ist, setzt er sich auf eine Stufe und stößt einen zufriedenen Seufzer aus, als sei er schon am Ziel.

Ivo: Ah!

Nestore: Ivo!

Ivo: Nestore!
Nestore: Gut siehst du aus!
Ivo: Du hast dich überhaupt nicht verändert.
Nestore: Du hast dich auch nicht verändert.
Ivo: Du hast recht, man sollte sich ändern.
Nestore: Komm rein!
Ivo (bei sich): Ja, ja, ich kenne ihn gut. Aber es ist lange her...

Nestores Wohnung. Innen. Tag.

Nestores Wohnung ist völlig leergeräumt. An den schmuddeligen Wänden sind noch die Stellen zu erkennen, an denen die Möbelstücke standen.

Nestore: Horch mal, wie das hallt.
Ivo: Aber... die haben ja wirklich alles mitgenommen!
Nestore: Nein, das da haben sie hiergelassen.

Und er geht in eine Ecke in der Küche, wo eine Waschmaschine steht. Mit seinem Lappen wischt er über die blanke Oberfläche. Währenddessen hat Salvini einen Besen entdeckt, der an der Wand lehnt.

Ivo: Der ist auch dageblieben.

Nestore kniet vor der Waschmaschine nieder und liebkost sie mit dem Lappen. Dann lehnt er hingebungsvoll den Kopf dagegen, als sei sie ein lebendes Wesen.

Nestore: Hast du je gehört, wie geheimnisvoll die Wäscheschleuder klingt? Ihr Klang gleicht einer Stimme... der Stimme einer Sirene, die für mich singt, nur für mich allein. Meine schöne Wäscherin, nenne ich sie... Marisa dagegen war immer so rücksichtslos und grob mit ihr, so ungeduldig. Dabei war sie früher einmal so sanft und zärtlich, die ideale Frau. Stundenlang konnte ich sie ansehen, wie verzaubert. Weißt du noch?
Ivo: Die Signora Marisa? Ja natürlich! Sie war schön, wunderschön, mit ihren vollen Lippen!

Salon Pino. Innen. Tag.

Der Salon des Friseurs Pino, wie Nestore ihn sieht, der draußen vor der Glastür steht. Auf dem Sessel in der Mitte sitzt der Commendatore Cochi, dem Pino die Haare schneidet, während Marisa ihn manikürt. Der Commendatore prahlt mit seinem Reichtum und seinen Geschäften, läßt sich aber auch die Gelegenheit nicht entgehen, der schönen Marisa, deren weißer Kittel vorne offen ist, damit der schwellende Busen zur Geltung kommt, die Oberschenkel zu streicheln.

Cochi: ... ich sage also, sieh zu, daß du verkaufst, und da macht dieser Dussel doch glatt einen Gewinn von achthundert Millionen!

Marisa (nimmt seine Hand von ihrem Schenkel): Schön brav sein, Commendatore, sonst schneide ich Sie in den Finger. Commendatore, stimmt es, was die Leute sagen?

Cochi: Daß ich hoffnungslos in dich verknallt bin?

Marisa: Ach, das weiß doch jeder. Nein, man sagt, daß Sie einen Fernsehsender hier im Ort einrichten wollen. Das ist schön von Ihnen.

Cochi: Ich weiß noch nicht, das will gut überlegt sein...

Auf einem anderen Stuhl sitzt ein kleiner Junge, dem der Friseur Roberto die Haare schneidet. Damit der Kleine stillhält, erzählt er ihm eine Geschichte.

Roberto: ... da sagt Zickzack, »jetzt probier ich's mal«. Er läßt sich Kamm und Schere geben, und hast-du-nicht-gesehen macht er ihm einen Haarschnitt, daß er aussieht wie ein Prinz.

Aber dem Knaben (Omero) scheint die Geschichte nicht zu gefallen.

Omero: Mamma, jetzt reicht's mir.

Roberto: Omero, wenn du nicht stillhältst, kann Zickzack dir nicht die Haare schneiden.

Salon Pino. Außen. Tag.

Nestore geht nervös vor dem Schaufenster auf und ab. Wütend zerreißt er die Zeitung, die er in der Hand hat, und wirft die Fetzen auf den Boden, doch sofort kommt ein Polizist herbei und sagt tadelnd...

Polizist: Heben Sie das auf! Wenn das alle tun würden, wie sähe die Piazza dann aus?

Beschämt sammelt Nestore die Papierfetzen auf, während der Commendatore, von zwei Friseuren hofiert, den Salon verläßt.

Roberto: Schönen Tag noch, Commendatore, und vielen Dank!

Pino: Stets zu Diensten, Commendatore, es war mir eine Ehre.
Cochi: Ciao, Pino... Ciao, Marisa!

Marisa winkt ihm nach.

Marisa: Auf Wiedersehen, Commendatore, danke!
Pino: Und gute Fahrt!

Nestore, der unschlüssig vor dem Schaufenster steht, tritt schließlich auf Pinos Einladung in den Salon.

Salon Pino. Innen. Tag.

Nestore steuert auf den Sessel zu, den der Commendatore soeben geräumt hat.

Pino: Nehmen Sie Platz!
Nestore: Guten Tag.
Pino: Maniküre?
Nestore: Ja bitte.
Pino: Marisa!
Marisa: Ich komm ja schon!

Roberto flüstert Marisa ins Ohr...

Roberto: Jetzt ist er im siebten Himmel!

Ihren Arbeitswagen vor sich herschiebend, nähert Marisa sich Nestore, während der dritte Friseur (Carlo) mit einem anderen Kunden beschäftigt ist.

Carlo: Den Bart wie immer im Lenin-Look?
Kunde: Ja, gewiß!

Bevor Marisa sich an die Arbeit macht, winkt sie einer Freundin zu, die draußen vorbeigeht...

Marisa: Ciao, ciao, bella...

...dann wendet sie sich mit strahlendem Lächeln Nestore zu.

Wie geht es Ihnen? Sie sind lange nicht hier bei uns gewesen.
Nestore: Ja, leider.
Marisa: Sie haben also auf meinen Rat gehört und sich wirklich einen Bart wachsen lassen?!
Nestore: Ach, ich dachte, wenn Sie es sagen, probiere ich es eben.
Marisa: Sieh an!
Pino: Zeitung gefällig?
Nestore: Nein danke, brauche ich nicht.

Marisa nimmt Nestores Hände und betrachtet sie.

Marisa: Sie sollten sie pflegen. Sie haben so schöne Hände, wie ein Pianist.

Nestore: Ach Gott, ich hab mal ein bißchen Mandoline gespielt.

Marisa: Ah, darum!

Pino: Marisa hat recht, Sie haben schöne schlanke Hände.

Nestore (zu Marisa): Finden Sie sie wirklich schön?

Pino weist Roberto zur Ordnung, der nichts zu tun hat und zum Rhythmus der Radiomusik zu tanzen angefangen hat.

Pino: He, willst du wohl aufhören!

Roberto: Ich bin aber zum Tanzen geboren!

Marisa (mütterlich besorgt zu Nestore): Hab ich Ihnen wehgetan?

Nestore: Sie tun mir nie weh.

Marisa (betrachtet seine Handfläche): Hm, was für eine lange Lebenslinie Sie haben, Sie haben eine sehr lange Lebenslinie. Hat man Ihnen schon mal aus der Hand gelesen?

Nestore: Ja, einmal.

Marisa: Das hier ist der Venusberg, die Sinnlichkeit. Sie müssen ein kleiner Draufgänger sein, ein scharfer Gockel!

Marisas maliziöses Lächeln und ihre Annäherungsversuche machen Nestore immer verlegener.

Nestore: Na, wenn Sie das sagen, glaube ich's auch.

Pino: So sind wir eben hierzulande!

Marisa: Eine Tante von mir konnte alles aus der Hand lesen. Bei mir hat sie sich allerdings vertan. »Du wirst bald heiraten«, sagte sie zu mir, »sehr bald«, dabei sitze ich immer noch als arme alte Jungfer da.

Bei dieser Mitteilung, die Marisa ihm ungefragt macht, atmet Nestore erleichtert auf.

Nestore: Sie sind nicht verheiratet?

Marisa (bedauernd): Leider nein. Mich will eben keiner.

Nestore schließt verzückt und träumerisch die Augen und sagt hingerissen...

Nestore: Aber ich würde Sie sofort heiraten. Ich heirate Sie auf der Stelle.

Restaurant. Außen. Tag.

Ein Haus auf dem Land, in dem ein Restaurant betrieben wird. Ringsherum parkende Autos. Vor dem Gebäude ein langer Tisch mit weißer Tischdecke, auf dem die Überreste eines üppigen kalten Büffets zu sehen sind: Flaschen, Teller, Gläser. Weit und breit ist kein Mensch zu sehen, nur ein Hund streift auf der Suche nach etwas Eßbarem umher. Aus dem Gebäude kommt lautes Stimmengewirr, Musik und Gesang.

Restaurant. Innen. Tag.

Das lärmende Durcheinander eines dem Ende zugehenden Hochzeitsmahls. Nestore und Marisa haben geheiratet. Auch ein kleines Orchester ist da; ein Sänger geht singend von Tisch zu Tisch (er singt »Simme Napuli paisà«); Fotografen knipsen an den verschiedenen Tischen die ausgelassenen, von dem reichlich fließenden Wein angeheiterten Gäste. Da sind Marisas Verwandte sowie Don Antonio; an einem Tisch etwas abseits sitzen die Ärzte (Falzoni, Brambilla und der junge Arzt); auch Zardetto in seiner Motorradkluft ist gekommen. Die strahlende Braut im weißen Kleid mit Minirock ist tief gerührt, während Nestore, der einen eleganten schwarzen Anzug mit Fliege und einer großen weißen Blume im Knopfloch trägt, von dem Trubel ringsum und von seinem Status als frischgebackener Ehemann ganz verwirrt ist.

Marisa (gerührt): Danke, vielen Dank, euch allen. (Dann zum Bräutigam) Mein lieber Nestorino, du hast mich also wirklich geheiratet! Ich wollte es nicht glauben, und jetzt sind wir hier. Guck mal, wie süß wir aussehen... Und sie zeigt ihm eine Bonbonniere, die mit zwei Püppchen als Brautpaar garniert ist. Dann gibt sie ihm unter dem Applaus der Gäste einen langen Kuß.

Restaurantbesitzer: Und jetzt die Küche, kommt alle heraus, Applaus für unsere Köche! Die haben für ihr ganzes Leben ausgesorgt, so gut habe ich sie bezahlt, diese Räuber!

Zardetto geht auf das Brautpaar zu, um es zu küssen.

Zardetto: Du hast ein Glück, Nestorino!

Gäste: Ein Hoch auf das Brautpaar!

Nun sind Marisas Eltern an der Reihe, den Bräutigam zu küssen.

Marisas Vater: Ein Kuß für den Papa! Denk immer daran, daß ich dir mein Herzblatt gegeben habe.

Nestore: Papa!

Marisas Mutter: Und die Mamma? Na komm, gib der Mamma auch ein Küßchen. Alle beneiden dich.

Nestore: Ja, Mamma, du kriegst auch eins.

Marisa: Und ich, Nestore, mein Schätzchen? Gib mir auch eins, Liebster, wir beide, du und ich...

Marisas Vater hebt sein Glas.

Marisas Vater: Auf eine zahlreiche Enkelschar!

Restaurantbesitzer: Jetzt wird es Zeit für das Hochzeitskonfekt! Los, Kinder, lauft und holt den Wagen mit dem Hochzeitskonfekt. Und du Marisa, nimm deinen Göttergatten und komm her.

Marisa faßt Nestore an der Hand und zieht ihn vom Stuhl hoch, um mit ihm die Hochzeitsmandeln auszuteilen.

Marisa: Komm mit, jetzt müssen wir die Bonbons verteilen.

Dario, ein Freund von Nestore, steht mit dem Glas in der Hand auf, um einen Trinkspruch anzubringen.

Dario: Nestore, du warst mein bester Freund, du warst für mich wie ein Bruder. Euch kann ich es ja gestehen: eigentlich hätte ich ihn heiraten wollen, aber gegen Marisa konnte ich es nicht aufnehmen.

Nestore und Marisa gehen im Saal umher und verteilen die weißen Tüllsäckchen mit dem Hochzeitskonfekt. Vor einer Wand, auf der überlebensgroß die Mannschaft von Milan gemalt ist, bleibt Marisa stehen.

Marisa: Ah, ich will mich mit Gullit fotografieren lassen, hier neben Gullit, ich und Gullit.

Nestore (widerstrebend): Wirklich?

Sie stellt sich vor der gemalten Milan-Mannschaft in Positur. Zwischen ihr und dem mürrisch dreinblickenden Nestore prangt Gullit.

Marisa: Stehe ich gut so?

Sie schiebt Nestore, der neben den Fußballern noch schmächtiger wirkt, ein Stück zur Seite, damit Gullit besser zu sehen ist.

Marisa: Geh ein Stückchen weiter rüber. (Zum Fotografen) Nur zu!

Der Fotograf knipst.

Marisas Freundin: Wenn ich heirate, will ich einen Schöneren.

Marisa ist jetzt am Tisch mit den Ärzten angelangt.

Marisa: Danke, Professore, daß Sie sich die Mühe gemacht haben, uns zu beehren, auch Ihnen, Dottore, vielen Dank. Sie sind alle so freundlich... hier, das Konfekt...

Professor Falzoni: Ein Hochzeitsfest verjüngt uns alle.

Dottor Brambilla: Alles Gute! Dank und Bewunderung!

Junger Arzt: Herzliche Glückwünsche!

Nestore: Ich hab's geschafft!

Junger Arzt: Ich beglückwünsche dich, liebster Freund. Du hast die richtige Entscheidung getroffen. Bravo!

Dottor Brambilla: Der Herr Kollege hat recht, meinen Glückwunsch... Gut gemacht!

Professor Falzoni: Siehst du, daß ich recht hatte?

Nestore: Ja, Professore, ja, danke!

Unter dem Gejohle der Gäste streut Marisa die restlichen Süßigkeiten über die Tische, während das Orchester ›Fascination‹ anstimmt. Marisa umarmt Nestore.

Marisa: ›Fascination‹, weißt du noch? Drück mich! Ah, was für eine schöne Musik, mir kommen die Tränen.

Nestore und Marisa eröffnen den Tanz, gefolgt von anderen Paaren. Einer der ersten Tänzer ist Marisas Vater, der die Frau Gemahlin auffordert.

Marisas Vater: Was macht dein Bein? Trägt es dich? Dann zeigen wir denen mal, wie man tanzt.

Das Restaurant gleicht jetzt einem Tanzsaal.

Restaurant. Außen. Tag.

Während es im Saal hoch hergeht, kommt das Brautpaar, sich im Tanz drehend, zur Tür heraus. Marisa liebkost Nestore, der den Kopf selig lächelnd gegen ihre Brust lehnt. Als Nestore bemerkt, daß er endlich dem Trubel im Saal entflohen ist, macht er sich von Marisa los und rennt freudestrahlend zum »Hochzeitsauto«, das auf der Wiese steht. Er reißt die Wagentür auf und wendet sich zu Marisa um.

Nestore: Signora!

Marisa: Ja, ja, ja!

Und lachend läuft sie ihm nach. Die beiden springen ins Auto, das davonfährt, während drinnen das Fest weitergeht.

Dächer des Städtchens. Außen. Tag.

Nestore klettert über ein Dach, während Salvini ihn von einem Balkon der obersten Etage aus besorgt beobachtet. Oben angelangt, setzt er sich auf den First und blickt mit zufriedener Miene über die mit ihren Kaminen und Fernsehantennen vor ihm ausgebreiteten Dächer der kleinen Stadt.

Nestore: Das Gericht hat Marisa rechtgegeben, und jetzt will sie mit Zardetto, dem Roßschlächter, zusammenleben. Den bewundert sie, weil er eine Berufung für Pferdefleisch hat, und eine Berufung braucht der Mensch im Leben, sagt sie.

Ivo: Und du Nestore, hattest du eine Berufung?

Nestore: Ja, auf den Dächern zu sitzen, das war meine Berufung, schon seit meiner Kindheit. Was gibt es Schöneres als hoch oben auf dem Dach deiner Wahl zu sitzen, glücklich, ein Nichts zu sein, Luft zu sein.

Ivo, der dem Freund gefolgt ist und jetzt auf dem Dachfirst steht, blickt begeistert um sich.

Ivo: Wieviele Brunnen, Nestore, sieh doch. Über die ganze Erde verstreut. Du weißt doch, daß ich nachts immer träume zu fliegen, wegzufliegen.

Nestore, den diese Eröffnung keineswegs überrascht, fordert Ivo auf, sich neben ihn zu setzen.

Nestore: Dann hör mir zu. Ich habe Marisa sehr viel zu verdanken, alles verdanke ich ihr. Zuerst begriff ich nichts. Immer sah sie mich mit leuchtenden Augen an... du weißt doch, wenn Frauen wie Katzen werden... Und sie sprach zu mir mit einer Stimme, die mir alle Kraft nahm. Nestorino, sagte sie...

Nestores Wohnung/Wohnzimmer. Innen. Nacht.

Marisa steht in der Schlafzimmertür und ruft mit sinnlicher, lockender Stimme...

Marisa: Nestorino, sei lieb, komm her, laß mich nicht warten. Immer muß sie warten, deine arme kleine Braut.

Nestore, der auf dem Sofa sitzt und liest, legt sein Buch weg, springt mit einem Satz auf und folgt seiner Frau ins Schlafzimmer.

Nestore: Hopp! Hinein in unser schönes großes Bett!

Nestores Wohnung/Schlafzimmer. Innen. Nacht.

Im bläulichen Licht, das zum Fenster hereinfällt, sitzt Marisa mit gekreuzten Beinen auf dem Bett und streicht wie in Trance wollüstig über das Kopfkissen, das auf ihrem Schoß liegt. Von ihrem fülligen Körper scheinen sich Rauchschwaden zu lösen. Sie blickt ins Leere, während Nestore mit dem Bauch nach unten auf dem Bett liegt und schläft.

Marisa: Was macht denn mein kleiner Nestore, schläft er etwa? So zu schlafen tut dir nicht gut. Laß mich nicht allein.

Auf dem Dach. Außen. Tag.

Salvini blickt ängstlich zur Balkontür hinüber, als befürchte er, es könne jemand kommen.

Nestores Wohnung/Wohnzimmer. Innen. Tag.

Nestore will mit Hut und Aktentasche auf Zehenspitzen die Wohnung verlassen, doch auf der Türschwelle wird er von Marisa, die noch im Négligé ist, zurückgerufen.

Marisa: He! Schleicht man sich denn so davon, ohne dem Pummelchen auf Wiedersehen zu sagen?

Nestore: Ich wollte dich nicht wecken, aber ich hab dir zum Abschied ein Küßchen gegeben, ganz leise.

Marisa: Ein Küßchen? Hundert Küßchen will ich von meinem Schätzchen, tausend, eine Million!

Sie umarmt Nestore, dann packt sie ihn, hebt ihn hoch und trägt ihn, sich um sich selbst drehend, zum Sofa.

Nestore: Nein, jetzt nicht! Ich komm zu spät, du weißt doch, daß ich nicht gern zu spät komme...

Nestores Wohnung/Küche. Innen. Nacht.

Nach dem Abendessen sitzt Nestore am Küchentisch und rührt schläfrig in seiner Kaffeetasse. Marisa beobachtet ihn und lächelt ihm begehrlich zu.

Marisa: Weißt du, woran ich gerade gedacht habe, Nestorino?

Nestore: Nein, ich errate es nicht.

Marisa: An die Ecke dort drüben.

Nestore: Warum denn das?

Marisa steht auf und stellt sich hinter ihren Mann.

Marisa: Das ist die einzige Stelle in der ganzen Wohnung, wo wir's noch nicht getrieben haben.

Nestore: Doch, haben wir.

Marisa: Das stimmt nicht, komm, steh auf! Warum soll denn die arme kleine Ecke nicht auch mal drankommen?

Nestore: Marisa, sei brav, du hast es vergessen, aber dort haben wir's schon gemacht.

Sie zerrt ihn vom Stuhl hoch...

Marisa: Oh, paß auf, das Glas, das Glas fällt um...

(zieht ihn in die besagte Ecke)

Ja, so... Oh, schön, herrlich... was ist denn?

Nestore: Nein, genug jetzt, morgen, Marisa, ich versprech's dir, nein, jetzt nicht, ich muß noch telefonieren... Aua, mein Rücken!

Aber Marisa drängt ihn ins Wohnzimmer...

Marisa: Dann gehen wir eben rüber, ich mach dir eine schöne kleine Massage, wo tut's denn weh?

Liebestoll, von Leidenschaft entflammt, zerrt Marisa ihren Mann ins Wohnzimmer.

Nestores Wohnung/Wohnzimmer. Innen. Nacht.

Marisa läßt sich auf das Sofa fallen und streckt schmachtend die Hände nach Nestore aus.

Marisa: Nimm mich in die Arme und zieh das ganze Zeug da aus... Sieh dir diesen Mond an, Nestore...

Nestore: Ja, ja, Marisa, ich komme, da bin ich.

Marisa, nunmehr im Zustand höchster Erregung, verdreht die Augen und fährt sich lüstern mit der Zunge über die Lippen. Sie packt Nestore, der sich willenlos auf sie fallen läßt, und umklammert ihn mit ihren muskulösen Schenkeln. Sie schreit und stöhnt, hebt die Beine in die Luft und läßt sie rhythmisch kreisen, während das Zimmer von Blitzen erhellt wird und ein kräftiger Wind zu blasen beginnt.

Marisa: Umarme mich... drück mich... ja, so ist's gut...
Das Sofa unter ihnen beginnt auf und ab zu hüpfen und Dampf auszustoßen wie eine Lokomotive. Nestore, mehr erschrocken als erregt, versucht sich aus der Umklammerung zu befreien.

Nestore: Marisa, Marisa, woher kommt denn dieser Rauch?

Marisa: Liebster, nicht aufhören, fester, noch fester... (tutet wie eine Lokomotive)...Liebster...

Nestore: Wer ist das? Bist du das? Oh ja... Marisa, Liebste...
In all dem Getöse fällt Nestores Blick für einen Moment auf das Bild einer alten Dampflokomotive, das an der Wand hängt. Er richtet sich auf und versucht sich zu befreien, doch die Frau, die sich in eine rasende ›Sexlokomotive‹ verwandelt hat und immer mehr in Fahrt kommt, läßt ihn nicht los. Aus der Ferne ertönt das Pfeifen einer Lokomotive. Zwischen Dampf- und Rauchschwaden und zuckenden Blitzen erblickt Nestore Hochspannungsleitungen, Masten, Eisenbahnschienen. Das ganze Zimmer beginnt zu wackeln wie das Abteil einer mit Wahnsinnsgeschwindigkeit über die Schienen ratternden Eisenbahn.

Auf dem Dach. Außen. Tag.

Völlig gebannt von Nestores Erzählung, hüpft auch Ivo auf und nieder, als fahre er selbst mit der Eisenbahn.

Ivo: Aber Nestore, konntest du den Zug denn nicht anhalten, hättest du nicht die Bremse ziehen können? Hättest du nicht abspringen können?

Nestore: Nein, das konnte ich nicht. Was war ich denn schon? Ein kleines Rädchen im Getriebe, ein Fünkchen. Bis dann eines Tages das geschah, worauf ich schon immer gewartet hatte. Marisa sei ewig Dank. Ihr und ihrer Art, Sex zu machen, habe ich es zu verdanken, daß ich mich an jenem Tag auf einmal emporgehoben fühlte, hoch über die Schienen, höher als die Stromdrähte, höher als die Wipfel der Bäume. Ich flog, ich flog... Schon immer fühlte ich mich dazu berufen, in den Lüften zu schweben, und jetzt weiß ich, wie man es macht.

Er deutet mit dem Finger auf sein Herz.

Hierauf kommt es an, auf diesen Punkt... die Blütenblätter der Blume hier drinnen müssen sich öffnen... Genau hier, im Sonnengeflecht...

Auch Salvini blickt auf seine Brust und bemerkt dabei, daß er immer noch Aldinas Schuh unter seinem Hemd versteckt hält. Er zieht ihn hervor und zeigt ihn Nestore.

Nestore: Hübsch, ganz aus Silber. Wem gehört er denn?

Ivo: Ah, jetzt weiß ich, was ich tun könnte! Wartest du einen Augenblick auf mich? Bleib hier ... ich bin gleich wieder da, ich muß mal sehen, wo ich bin, und dann ...

Mit diesen Worten klettert er auf der anderen Seite des Dachs hinunter bis zur Dachrinne, von wo aus er die ganze Piazza überblicken kann.

Piazza. Außen. Tag.

Auf der Piazza herrscht das gewohnte geschäftige Treiben. Ein Kind blickt nach oben und entdeckt die Gestalt auf dem Dach. Es bleibt stehen, deutet hinauf und ruft ...

Kleiner Junge: He, Mamma, guck mal, da oben ist eine Katze.

Mamma: Komm doch weiter.

Kleines Mädchen: Wo denn?

Kleiner Junge: Dort oben, auf dem Dach.

Kleines Mädchen: Das ist keine Katze, das ist ein Mann!

Auch die Mutter hat die Gestalt dort oben erblickt.

Mamma: Da ist einer auf dem Dach!

Der Schrei der Frau lockt weitere Passanten an. Allmählich sammelt sich eine kleine Menschenmenge an. Alle blicken nach oben und geben Kommentare ab. Auch an den Fenstern der Häuser erscheinen nach und nach Leute, die sich weit hinauslehnen, um den Mann auf dem Dach zu sehen, der, wie die meisten glauben, Selbstmordabsichten hat.

Ivo (spricht halblaut mit sich selbst): Sieh mal an, die vielen Leute! Dabei wollte ich doch unbemerkt bleiben, denn ... (Zu den Leuten unten auf der Straße) Entschuldigt, es ist alles in Ordnung, alles in Ordnung.

Er späht nach unten und sucht das Fenster von Aldina.

Ivo: Das dort muß es sein ... (leise) Aldina! Aldina!

In der Menge auf der Piazza sind auch Don Antonio und Vito Micheluzzi.

Don Antonio: Ivo, so hoch oben, wie bist du da hinaufgekommen? Was machst du dort oben? Willst du dich sonnen? Ivo!

Vito: Terzio wird Sie runterholen! Seien Sie ganz unbesorgt! Oder duzen wir uns? Ich weiß nicht mehr. Ganz ruhig! In einem Augenblick ist er bei Ihnen oben. Entspannen Sie sich, alles wird gut.

Unter dem Geschrei und Gejohle der Menge nähert sich ein großer Hebekran. Er fährt seinen langen Arm aus, an dessen Ende sich eine Arbeitsbühne befindet. Auch ein Notarztwagen und ein Polizeiauto kommen herangefahren. Auf der Arbeitsbühne des Krans sitzt ein sonderbarer Typ in Arbeitshosen, mit einem weißen Tuch auf dem Kopf, das seinen Nacken bedeckt. Ohne sich von der ganzen Aufregung anstecken zu lassen, sitzt er, während der Kranarm ihn nach oben trägt, däumchendrehend auf der Plattform und sonnt sich.

Vito: Terzio, mein Bruder, kommt hinauf!

Ivo: Wie viele Brüder seid ihr eigentlich?

Der Kran ist oben am Dach angelangt.

Terzio: Ach, es wären noch vier mehr gewesen, aber die sind gar nicht erst zur Welt gekommen. Vielleicht ist es besser so, was meinen Sie? Nein, ich finde, daß es schön ist auf dieser Welt, mir gefällt alles!

Er streckt die Hand aus, um Salvini auf die Plattform zu helfen.

Terzio: Na, wohin wollen Sie denn?

Ivo (macht einen letzten Versuch): Aldina!

Terzio: Schön brav sein, ich mache das schon. Oh, was man von hier oben alles sehen kann ... So, das Fest ist aus, jetzt geht's wieder nach unten! Na los, geben Sie mir die Hand. Festhalten, ja! Gut so! Ah, ich werde Sie als meinen Assistenten einstellen!

Ivo steigt auf die Arbeitsbühne des Krans.

Ivo: Danke.

Erst jetzt erkennt ihn Terzio.

Terzio: Das kann doch nicht wahr sein! Salvini! Siehst du, was für einen Aufwand wir betreiben, um dich zu retten? Leck mich am ... (Gelächter)

Ivo: Das geflügelte Pferd!

Langsam fährt der Arm des Krans wieder nach unten.

Terzio: Draußen auf dem Land haben wir eine zweite Maschine! Die geht noch höher hinauf. Da frieren dir die Ohren ab.

Als Freundschaftsbeweis bricht er ein Stück von seinem belegten Brot ab und reicht es Salvini, während er selbst in die andere Hälfte hineinbeißt.

Da, nimm! (kaut genüßlich) Das nenne ich Wurst! Dir kann ich es ja verraten: ich will meinem Bruder, diesem Spinner, eine Freude machen. Er hat die fixe Idee, daß der Mond es auf ihn abgesehen hat. Als ob der Zeit hätte, sich mit ihm zu befassen! Aber für mich ist das kein Problem, ich baue die andere Maschine ein bißchen um ... eine Kleinigkeit nur, und dann ... mit einer Stahlgabel ...

Ivo begreift nicht recht, wovon Terzio spricht, aber er tut, als höre er interessiert zu.

Ivo: Na klar.

Terzio: ... wenn die Firma mich läßt. Wohin des Wegs, Frau Luna? Und hast-du-nicht-gesehen ... (macht eine Handbewegung, als fange er den Mond ein) Hopp! Besonders in den Nächten, wenn er zwischen den Ästen der Bäume hängt, oder noch besser, wenn er auf den Dächern sitzt und es nicht mehr zum Himmel hinauf schafft.

Ivo: Wie Leopardi sagt: »Der Mond ruht auf den Dächern und über den Gärten ...«

Terzio: Siehst du?! Nichts ist unmöglich. Irgendwann kommt für alles der richtige Augenblick. Man muß nur warten, auch der Mond wird uns in die Hände fallen, wenn er so richtig schön reif und rund ist ... (summt vor sich hin) Frau Luna du, ba, ba, bam, sag mir wozu, ba, ba, bam, müssen wir leiden ... laß uns in Ruh ... Ob es uns wohl besser ginge ohne dich, Frau Luna? ... Oh, Salvini, wie süß du bist ...

Er packt Salvini, umarmt und küßt ihn.

Ivo: Nicht doch, Terzio, ich muß jetzt aussteigen.

Terzio (fast weinend): Du siehst meiner Isolina so ähnlich!

Salvini umarmt ihn seinerseits, um ihn zu trösten.

Ivo: Lieber Terzio, mein Freund ...

Wieder auf der Erde angelangt, nehmen die beiden voneinander Abschied wie alte Freunde, während die Leute aus Freude über die gelungene Rettung in die Hände klatschen.

Terzio: Ich werde mir von ihm helfen lassen, den Mond runterzuholen, wir sind uns einig! ... So, das hätten wir geschafft.

Die beiden deuten aufeinander wie zwei Stars auf der Bühne, die den Ruhm großzügig miteinander teilen.

Ivo: Alles sein Verdienst! Ich hab gar nichts gemacht. Applaus für Terzio!

Arkaden/Piazza. Außen. Tag.

Es ist die Stunde des Abendspaziergangs unter den Arkaden der Piazza an einem Festtag. Das übliche Ritual: man promeniert um die Piazza, um zu sehen und gesehen zu werden und um das Neueste in den Auslagen der Geschäfte zu betrachten. Oder man trinkt einen Aperitif in der überfüllten Bar und hält ein Schwätzchen. Auch die Kinder fehlen nicht, mit fröhlichem Geschrei spielen sie mitten in der Menge. Einige stehen vor einem großen Schaufenster, in dem Kühlschränke ausgestellt sind. Ein als Pinguin verkleideter Mann führt zu den Klängen eines Glockenspiels einen sonderbaren Tanz auf.

Kind: Donald Duck geht aufs Eis, macht quack, quack, quack!

Anderes Kind: Das ist doch nicht Donald Duck, das ist ein Pinguin!

Drittes Kind: Pinguin, gleich fällst du hin, du doofes Ding.

Aldina und ihre Schwester Susy machen mit gelangweiltem, kokettem Lächeln einen Bummel unter den Arkaden. Salvini erblickt sie von weitem und ruft aufgeregt...

Ivo: Aldina... da ist ja Aldina!

Da er nicht wagt, sich der Angebeteten zu nähern, winkt er ihrer Schwester Susy.

Ivo: Susy, sag du ihr's doch.

Susy: Sie ist nervös, aber ich will es versuchen.

Ivo: Ich möchte ihr nur den Schuh zurückgeben.

Susy: Warte! (geht zu Aldina zurück) Aldina, er sagt, er will dir etwas geben!

Doch Aldina lehnt jeden Annäherungsversuch entschieden, ja fast erbost ab.

Aldina: Nein, habe ich gesagt. Basta!

Susy (insistiert): Es ist der Schuh, den du ihm nachgeworfen hast, dem Ärmsten. Er will ihn dir wiedergeben.

Aldina: Sag ihm, ich lasse ihn verhaften!

Susy kehrt zu Salvini zurück, der gespannt auf eine gute Nachricht wartet.

Susy (lachend): Stell dir vor, sie hat gesagt, sie will dich verhaften lassen!

Salvinis Miene verdüstert sich.

Ivo: Ja, ja...

Susy: Na, na, nicht doch, das sagt sie nur zum Scherz. Du weißt ja, wie sie ist, sie tut immer so, aber...

Taumelnd faßt Salvini sich an die Brust.

Susy (erschrocken): Was hast du denn? Stell dich doch nicht an wie ein kleines Kind! Na komm schon... komm her!

Ivo: Geh weg, geh, geh... Verhaften lassen will sie mich?!

Zutiefst gekränkt, schiebt er Susy beiseite und will, sich an der Mauer festhaltend, weglaufen. Dabei stößt er um ein Haar mit Gonnella zusammen, der soeben um die Ecke kommt.

Ivo: Oh, Entschuldigung.

Gonnella (laut auflachend): Aha!... So ist's recht! Jetzt schikken sie also sanfte, schmächtige Knaben, damit alles ganz harmlos aussieht, unbeabsichtigt und unschuldig! Aber daß ihr's wißt, ich falle nicht darauf herein! Nein, ich falle nicht darauf herein!

Ivo: Es ist, als würde sich der Boden senken, alles scheint umzukippen. Das Gleiche ist mir schon mal passiert. Es ist, als wäre alles schief.

Gonnella: Diesen Eindruck habe ich nicht. Sie wollen sagen, alles geht drunter und drüber, alles ist in Auflösung. Das ja.

Ivo: Nein, nicht im übertragenen Sinn, sondern tatsächlich physisch. Haben Sie nicht auch das Gefühl zu fallen?

Gonnella: Offen gesagt, nein. Aber vielleicht sollten Sie sich lieber setzen?

Die beiden setzen sich auf eine Bank unter den Arkaden, während um sie herum die fliegenden Händler ihre Ware an den Mann zu bringen suchen: Halsketten, Geldbörsen, Elfenbeinfiguren. Salvini starrt den Präfekten geistesabwesend an, als sähe er ihn gar nicht, und murmelt verstört...

Ivo: Verhaften lassen will sie mich, hat sie gesagt. Ja, das hat sie gesagt.

Gonnella: Ich möchte mich nicht in den Fall einmischen, aber es kann sein, daß Sie recht haben. Aber entschuldigen Sie, ich habe mich noch gar nicht vorgestellt: Präfekt Gonnella. Freut mich, Sie kennenzulernen. Nun, ich muß schon sagen, Sie haben reichlich Pech. Denn denken Sie nur, noch bis vor drei Monaten ging alles über meinen Schreibtisch. Ich hätte für Sie bürgen können, und niemand hätte Ihnen ein Haar gekrümmt. Aber diese Schurken... sie haben sich an nichts gehalten, an nichts. Wissen Sie, was das bedeutet, an nichts, nichts?

Ivo: An nichts?

Ihr Gespräch wird unterbrochen von Doktor Brambilla, der zusammen mit einem sehr dynamisch wirkenden und flott gekleideten jungen Herrn mit Schnurrbart und Brille und zusammengefaltetem Gabardinemantel über dem Arm vor ihnen stehenbleibt. Es ist Gonnellas Sohn.

Dottor Brambilla: Da ist er ja! Sehen Sie, wir haben ihn gefunden.

Gonnellas Sohn: Ich hab zu Hause vorbeigeschaut, aber du warst nicht da, Papa. Keiner hat aufgemacht, und da... Ach, den Herrn Doktor habe ich in der Bar getroffen, er hat mich zu einem Kaffee eingeladen, und jetzt sind wir ein Stück spazierengegangen... Ach, hör doch, Papa, möchtest du nicht zum Abendessen zu mir kommen?

Der finsteren Miene Gonnellas nach zu urteilen, ist er über das unerwartete Auftauchen seines Sohns alles andere als erfreut.

Gonnella: Ich habe eine Unterredung mit diesem Herrn.

Er deutet auf Salvini, der zustimmend nickt.

Ivo: Ja, das stimmt!

Gonnella: Das soundsovielte Opfer der Ungerechtigkeit und der üblichen, infamen Machenschaften... also bitte...

Und mit einer Handbewegung bedeutet er dem Sohn, ihn in Ruhe zu lassen.

Gonnellas Sohn: Aber heute abend kommst du doch, ja?

Doktor Brambilla merkt, daß es besser ist, nicht weiter zu insistieren, und zieht den jungen Gonnella mit sich fort.

Dottor Brambilla: Ich glaube, er wird sehr gern kommen (zu Gonnella), nicht wahr? (Zum Sohn) Kommen Sie, ich muß Ihnen noch etwas erzählen. (Zum Vater) Meinen Glückwunsch, Signor Gonnella, Sie sehen gut aus, sehr gut, und das wissen Sie auch.

Gonnellas Sohn: Also, ich erwarte dich!

Die beiden gehen davon.

Gonnella: Haben Sie gehört, wie die reden?

Ivo: Ja.

Gonnella: Ist Ihnen nichts aufgefallen?

Ivo: Nein!

Gonnella: Jeder wäre überzeugt. Aber Sie, wie mir scheint... (sieht ihn prüfend an) ich lese es in Ihren Augen, daß Sie nicht dazugehören. Mein Kompliment! Wissen Sie, Sie sind mir wirklich sympathisch! Wir haben uns noch nie gesehen, stimmt's?

Ivo: Ich glaube nicht.
Gonnella: Hören Sie, können Sie mir einen Gefallen tun?
Ivo: Ja.
Gonnella: Schauen Sie mal dort um die Ecke.
Ivo: Meinen Sie mich?
Gonnella: Ja doch! Ich gehe jede Wette ein, daß sie sich da hinten versteckt haben.
Ivo: Möchten Sie, daß ich nachsehe?
Gonnella: Ja, ja, bitte.
Ivo: Wenn Sie möchten.
Gonnella: Da drüben, hinter dieser Ecke!

Salvini steht auf und schaut um die Ecke und hinter die Säule. Er macht dem Präfekten ein Zeichen, daß niemand zu sehen sei.

Gonnella: Wirklich nicht?
Ivo: Ich kann sie nicht sehen. Ich glaube, sie sind gar nicht da. Aber wissen Sie, die ganze Piazza ist so voller Menschen.
Gonnella (sichtlich enttäuscht und verärgert): Habe ich's mir doch gedacht! Das sind wahre Könner, das müssen wir ihnen zugestehen. Sie verstehen etwas von ihrer Sache.

Salvini, den Gonnellas Reden immer mehr verwirren, deutet auf die Sitzbank gegenüber.

Ivo: Vielleicht setze ich mich lieber dorthin.

Mit einer Handbewegung gibt der Präfekt seine Zustimmung, und Salvini setzt sich ihm gegenüber.

Gonnella: Sie werden ausgebildet, perfekt ihre Rolle zu spielen, jeder einzelne. Haben Sie den Doktor gesehen? Haben Sie bemerkt, wie er sich kleidet? Im typischen Arzt-Stil. Echter geht es nicht. Aber das ist alles Täuschung, alles Täuschung!
Ivo: Aber... Ihr Sohn... ist doch...
Gonnella: Ah! Der ist das absolute Meisterstück! Hier sind wir im Bereich der hohen Kunst, so etwas ist unübertrefflich. Er ist der Archetypus des Sohns, die Platonsche Idee. (Lacht) Bitte schenken Sie mir noch einen Augenblick Ihre Aufmerksamkeit, sehen Sie sich den dort auf dem Fahrrad einmal genau an, die Brille, den Plastikbeutel.

Er deutet auf einen Mann, der gerade an ihnen vorbeifährt.

Wie sieht der aus? Wie ein x-beliebiger, achtbarer Herr, nicht wahr? Und haben Sie den gesehen, der gerade vorbeigegangen ist? Wer wollte bestreiten, daß er ein ganz gewöhnlicher Passant ist? Schauen Sie den beiden nach, die es so eilig haben, sehen Sie, wie sie debattieren... als hätten sie wer weiß was für wichtige Geschäfte abzuschließen... und der dort am Telefon... wie geschäftig er tut. Alle diese Herren haben nichts zu tun. Nichts... Nie... Alles ist vorgetäuscht, alles nur Schein; alles falsch. Aber das ist noch nicht alles. Versprechen Sie mir, daß Sie sich nicht erschrecken?

Der Präfekt nimmt seine Aktentasche und seinen Regenschirm und steht auf.

Dann kommen Sie mit, kommen Sie bitte! Folgen Sie mir... Nur Mut!

Salvini, der verwundert und verständnislos zugehört hat, steht zögernd auf und folgt dem Präfekten ängstlich und verwirrt. Er versucht ihn im Auge zu behalten, doch Gonnella ist schon in der Menge verschwunden. Nur einmal dreht er sich kurz um und fährt mit der Zunge blitzschnell wie eine Natter zwischen den Lippen hin und her. Er blickt zur Uferböschung am Ortsrand hinauf, wo sich im Gänsemarsch seltsame Gestalten nähern: Arbeiter, die sich große schwarze Kessel übergestülpt haben, so daß sie aussehen wie wandelnde Tonnen. Die riesigen Kessel werden auf die Piazza transportiert und auf die bereitstehenden Kochstellen gesetzt, während vor der Kirche ein großes Podium aufgebaut wird, an dessen vier Ecken sechs bis sieben Meter hohe Nudelhölzer in die Höhe ragen und die Stützen für eine Art Kuppel bilden. Die Stadt rüstet sich für das bevorstehende Gnocchi-Fest.

Bar an der Piazza. Innen. Tag.

In der Bar an der Piazza herrscht drangvolle Enge. Der Journalist befragt die Gäste über den Ursprung des Gnocchi-Festes.

Erster Gast (spricht ins Mikrophon): Das Gnocchi-Fest entstand vor über einem Jahrhundert.

Barbesitzer: Vor hundertsiebenundzwanzig Jahren, genau gesagt, im Jahr 1862.

Reporter: ...und es war ursprünglich ein Protest gegen das Königshaus, das mit seinen Steuern die Müller aushungerte. Ich gebe weiter an meine junge Kollegin Giosetta. Giosetta, hörst du mich?

Salon Pino. Innen. Tag.

Giosetta, die junge Journalistin, eine sehr energisch wirkende Brünette mit kurzgeschnittenem Haar, befindet sich im ebenfalls überfüllten Friseursalon. Mit dem Mikrophon in der Hand geht sie auf einen korpulenten, um nicht zu sagen fetten Herrn zu, der auf einem der Stühle sitzt.

Giosetta: Ja, ich höre Sie. Ich bin hier bei Pino. Vor mir sitzt Grissini, der letztjährige Gnocchi-König. (Zum Gnocchi-König) Warum sind Sie dieses Jahr nicht wiedergewählt worden?

Ex-Gnocchi-König: Politik!

Bar an der Piazza. Innen. Tag.

Ein junger Barbesucher macht sich von hinten an die attraktive Kassiererin heran.

Junger Barbesucher: Mit mir wirst du gewinnen.

Kassiererin: Nimm deinen Arm da weg, den hättest du auch zu Hause lassen können!

Zweiter Gast: Sind Sie nicht Miss Mehl?

Erster Gast: Sie ist weißer als Schnee, sie leuchtet!

Mit selbstgefälliger Miene treten zwei Herren ein. Der Reporter geht respektvoll auf sie zu, um sie zu interviewen.

Reporter: Soeben ist unser Herr Bürgermeister eingetroffen, und mit ihm der Herr Schuldirektor. Bitte sehr, die Herren!

Bürgermeister: Guten Abend! Sachte, sachte, mein Lieber.

Reporter: Eine schüchterne Bitte: könnten Sie uns nicht schon jetzt ein paar Worte über die von Ihnen angeregten Neuerungen am traditionellen Ritual des Gnocchi-Festes sagen?

Sich der Bedeutung seiner Funktion als erster Bürger der Stadt voll und ganz bewußt, beginnt der Bürgermeister...

Bürgermeister: Für uns als neuer Verwaltungsausschuß ist dies das erste Gnocchi-Fest.

Reporter: Das ist bekannt.

Bürgermeister: Wir wollen uns an dieser Stelle nicht zu den allbekannten Auseinandersetzungen mit den Konservativen und Traditionalisten äußern, die in lautes Wehgeschrei ausbrechen, sobald man irgend etwas verändern will... Sind wir uns da einig?

Reporter: Und der Herr Direktor?
Schuldirektor: Wir haben Sorge getragen, daß die vorgeschlagenen Neuerungen stets den Geist der Tradition in Ehren halten.
Reporter: Kein Zweifel!
Schuldirektor: Ja!
Bürgermeister: Gnocchi-Fest und Mahl werden somit gewissermaßen zur Bewährungsprobe für bestimmte Kulturmodelle, die mit anderen Initiativen koexistieren müssen, um den brisanteren Anforderungen unserer Zeit gerecht zu werden...

Damensalon Onelio. Innen. Tag.

Auch im Salon Onelio herrscht geschäftiges Treiben. Die Damen lassen sich für das Fest schönmachen. Giosetta interviewt die Gnocchi-Königin, eine dicke Frau, die gerade frisiert wird.
Giosetta: Signora Donatella hat mir heute morgen gesagt...
Gnocchi-Königin: ... ja, ich habe gesagt, daß es gerechter gewesen wäre, die Signora Bonfanti zu wählen...
Und sie zeigt auf die neben ihr sitzende Dame.
Giosetta: Und warum?
Gnocchi-Königin: Weil sie die Rundeste von allen ist, sie wiegt siebenundachtzig Kilo!
Giosetta: Und du, Donatella, Pardon, und Sie Majestät, wieviel bringen Sie auf die Waage?
Gnocchi-Königin: Mhmm... beinahe... nein, das verrate ich nicht!
Großes Gelächter.

Uferböschung und Piazza. Außen. Tag.

Auf der Böschung, die die Ortschaft vom Fluß trennt, eskortieren vier Polizisten in Uniformen aus dem achtzehnten Jahrhundert auf weißen Rossen das mit Girlanden geschmückte Schiff, mit dem die Bewerberinnen um den Titel der Miss Mehl eintreffen. Die jungen Damen werden von einer Schar kleiner Mädchen freudig empfangen.
Kleine Mädchen: Da kommen sie, die Misses! Auf dem großen Schiff von Pippo il Bestione!

Giosetta steht oben auf der Böschung, um für das Fernsehen über die Ankunft der Bewerberinnen zu berichten.

Giosetta: Da ist es endlich, das mit Spannung erwartete glorreiche Schiff mit den sympathischsten und anmutigsten jungen Mädchen aus allen Ortschaften und Dörfern unserer Region an Bord. Die Schönste unter diesen bezaubernden jungen Mädchen wird von der Jury zur Miss Mehl 1989 gekürt werden.

Angeführt von einem dicken Koch mit einer großen Heckenschere, verlassen die jungen Mädchen, alle in langen Kleidern, das Schiff und steigen, wie Mannequins kokett nach allen Seiten lächelnd, die Stufen hinab. Der Koch eröffnet das Fest, indem er mit seiner Schere eine aus Ähren geflochtene Girlande zerschneidet.

Koch: Das Fest ist eröffnet... Vorwärts, ihr Schönen! Die Schönste soll siegen... Viva Miss Mehl 1989!

Die Menge bricht in Begeisterungsrufe aus. Die Bewerberinnen, unter ihnen auch Aldina, die ein schneeweißes Kleid trägt, defilieren durch die applaudierende Menge, die von Polizisten in Schach gehalten wird. Einige der Männer werfen den Bewerberinnen Kußhändchen zu, der eine oder andere winkt seiner Freundin zu, und auch an anzüglichen Bemerkungen fehlt es nicht. In dem ganzen Durcheinander versucht Salvini sich nach vorne zu drängen, um zu Aldina zu gelangen, doch die Polizisten stoßen ihn immer wieder zurück. Die jungen Mädchen verschwinden in einem großen Reisebus, der als Garderobe dient, um sich vor dem Wettbewerb noch einmal zurechtzumachen. Der Betreuer der Mädchen gibt Anweisungen.

Betreuer: Ihr müßt hier drinnen warten! Alle Bewerberinnen in den Bus, na macht schon! Ja, ja, ich rufe euch dann!

Salvini hat es doch noch geschafft, durch die Absperrung zu schlüpfen, und ist bis zu dem Bus vorgedrungen. Er hüpft am Fenster hoch und hält nach Aldina Ausschau, doch er kann sie nicht entdecken. An eine blonde Bewerberin gewandt, fragt er...

Ivo: Wo ist Aldina?

Blonde Miss: Weiß ich nicht.

Ivo: Sie ist doch da drin, oder?

Blonde Miss: Nein, ich hab sie nicht gesehen.

Inzwischen werden zwei pompöse Sessel auf das Podium gebracht: der Thron für den Gnocchi-König und seine Königin. In der Menge sehen wir auch Testarossa und Chiodo. Sie beobachten Salvini, der sich durch das Gedränge schiebt, um zum Podium zu gelangen. Rossella, die Punkerin, hat Salvini entdeckt.

Ivo: Rossella! Psst, sei still, du hast nichts gesehen.

Rossella: Ja, schon gut.

Und Salvini schlüpft unter das Podium. Zu seinem Pech aber verschließen nun die Arbeiter die Öffnung, indem sie eine breite Holztreppe davorschieben, über die ein roter Teppich gebreitet wird. Rossella protestiert, doch keiner beachtet sie.

Rossella: Nein, nicht, Sie sperren ihn ein! Nicht doch, er ist dort unten! Sie haben ihn eingesperrt!

Nun ist Salvini unter dem Podium gefangen. Auf allen vieren kriechend, da das Podium zu niedrig ist, um aufrecht zu gehen, sucht er vergeblich nach einem Ausgang.

Ivo (belustigt): Was mir aber auch alles passiert...

Bar an der Piazza. Außen. Abend.

An einem der vorderen Tische sitzt, wie es einer Persönlichkeit seines Kalibers gebührt, der Commendatore Cochi mit seiner Frau und den beiden Töchtern. Der Reporter nutzt die Gelegenheit für ein Interview.

Reporter (ins Mikrophon): Liebe Zuschauer, wir haben dieses Fest abgewartet, um Ihnen eine Mitteilung zu machen, die den heutigen Tag zu einem historischen Datum machen wird: Unsere Stadt bekommt ein eigenes Fernsehen! Wir werden unseren Privatsender haben wie die größten Städte Europas! Bewegt und dankbar fragen wir den Mann, der dieses titanische Unterfangen auf den Weg gebracht hat: Wie soll der Sender heißen?

Cochi: Cip... C.I.P. »C« wie Carmela, meine Frau, die hier neben mit sitzt. »I« wie Irene, meine älteste Tochter, und »P« wie Patrizia, meine Kleine. CIP, mir gefällt dieser Name.

Der Reporter wendet sich an Cochis Frau.

Reporter: Sind Sie stolz auf Ihren Mann, Signora Carmela?

Signora Cochi: Ach was, für das Geld hätte man tausend Stück Vieh kaufen können, und das weiß er auch.

Während Salvini wie eine Maus in der Falle auf allen vieren unter dem Podium hin und her läuft, beginnt das traditionelle Gnocchi-Essen.

Chefkoch: Gott besah sich die Welt, die er gerade erschaffen hatte, und schüttelte mißbilligend das Haupt. Irgend etwas fehlt da noch, dachte er, und so erfand er schnell die Gnocchi! Ein Hoch auf die Gnocchi! Vivat!

Zustimmendes Gebrüll in der Menge und begeisterter Applaus. Köche und Kellner beginnen die Pappteller mit Gnocchi und Soße zu füllen. Mit den großen Kesseln, aus denen der Dampf aufsteigt, und den essenden Leuten gleicht die Piazza nun einer großen Osteria. Etwas abseits in einem Winkel sitzt Gonnella. Die Herzogin von Alba hält ihm zaghaft einen gefüllten Teller hin. Nach kurzem Zögern nimmt Gonnella ihn und beginnt zu essen.

Gonnella: Wegen diesem Scheißfraß, denn das (deutet mit der Gabel auf die Gnocchi) ist ein Scheißfraß, vergeude ich hier meine Zeit und verschaffe diesen Ärschen auch noch die Genugtuung, gekommen zu sein.

Die Herzogin setzt sich dicht neben ihn...

Herzogin von Alba: Zwei Jahre sind es her, seit wir das letzte Mal zusammen ausgegangen sind.

...doch Gonnella rückt sofort von ihr ab.

Gonnella: Weg da! Hast du denn noch immer nicht begriffen, daß sie uns nicht zusammen sehen dürfen? Wir sind von Spionen umgeben. Sie tun alles, um mich des unsittlichen Lebenswandels, der wilden Ehe zu bezichtigen.

Die Herzogin von Alba lehnt sich gegen die Wand und lauscht hingerissen der Musik, die von der Piazza herüberklingt.

Herzogin von Alba: Wie lieblich dieses Lied klingt! Als Kind spielte ich es auf der Geige...

An den langen Tischen, an denen die Leute sitzen und essen und trinken, wird die Stimmung immer ausgelassener. Einer der Esser scheint nicht genug kriegen zu können. Seine Frau jammert...

Weinende Frau: Er soll aufhören, helft mir doch!

Kellner: Jetzt ist's genug, du kriegst nichts mehr.

Köchin: Zwanzig Portionen hat er verdrückt...

Ein Freund: Er ist drei Jahre im Konzentrationslager gewesen, der Ärmste, er sagt, er muß für alle mitessen, die dort verhungert sind.

Salvini in seinem Gefängnis bleibt nichts anderes übrig, als durch die Ritzen im Podium den anderen beim Essen zuzusehen. Nun steigt ein blondes junges Mädchen, die Ansagerin, auf das Podium...

Ansagerin: Es ist soweit, der schönste Teil, der Höhepunkt des Abends ist gekommen: die Miss-Mehl-Wahl 1989... Die königlichen Hoheiten werden gemeinsam mit der Jury,...

Dann an den Rechtsanwalt gewandt, der gerade dabei ist, seine Gnocchi zu verspeisen...

Ansagerin: Herr Vorsitzender, sind Sie soweit?

Rechtsanwalt: Ja, meine Schöne.

Ansagerin: ... die dieses Jahr anspruchsvoller denn je ist, dem Defilee der zwölf bildschönen Bewerberinnen beiwohnen. In diesem Augenblick schreiten sie strahlend und wohl auch ein bißchen aufgeregt die Stufen zum Podium hinauf.

Unter Jubelgeschrei und Applaus und zu den Klängen von ›Stars and Stripes‹ steigen die Bewerberinnen auf das Podium, auf dem in weiten, bauschigen Gewändern, in denen sie noch dicker wirken als sie in Wirklichkeit sind, die Königlichen Hoheiten Platz genommen haben. Der König hält als Szepter eine riesige Gabel in der Hand, auf die ein überdimensionales Gnocchi aufgespießt ist. Zu Füßen des Königspaars sitzt im Rigoletto-Kostüm der Hofnarr. Salvini kann das Defilee nur von unten, durch ein Loch im Podium verfolgen. Er schlägt mit den Fäusten gegen die Bretter, um sich bemerkbar zu machen, doch oben herrscht ein derartiger Lärm, daß niemand ihn hört.

Ansagerin: Die Jury-Mitglieder stehen vor einer sehr schwierigen Aufgabe. Ich glaube, am liebsten würden sie alle wählen, und ich würde es genauso machen. Aber das ist nicht möglich, nur eine kann gewählt werden ... Und wir fragen uns gespannt: wer wird es sein? Wer wird zur Miss Mehl 1989 gekrönt werden? Die Jury-Mitglieder beraten fieberhaft, sie scheinen gespalten. Die Ansichten gehen vermutlich auseinander. Und jetzt die letzte Abstimmung ... ›Les jeux sont faits‹ ... Der Umschlag wird versiegelt ... es ist soweit!

Der einzige, der sich nicht an dem Fest beteiligt, ist der Präfekt Gonnella, der immer noch düster in seinem Winkel sitzt und ißt. Die Herzogin von Alba steht auf ...

Herzogin von Alba: Ich geh mal schauen, keine Angst, ich bleibe nicht bei dir, ich gehe nach vorn.

Sie geht davon, und Gonnella atmet erleichtert auf. Die Mädchen auf dem Podium stellen sich im Halbkreis um das Königspaar und warten aufgeregt auf das Urteil der Jury. Es herrscht gespannte Stille.

Ansagerin: Ich muß gestehen, ich bin selbst ein bißchen aufgeregt. In diesem Umschlag befindet sich das Blatt mit dem Namen des Mädchens, das die Jury gewählt hat.
Herr Vorsitzender, wir sind sehr neugierig ... Gleich wird der Herr Vorsitzende den Namen der Siegerin bekanntgeben.

Sie reicht dem Rechtsanwalt einen großen weißen Umschlag.

... Bittesehr!

Wichtigtuerisch steht der Rechtsanwalt auf, öffnet den Umschlag und verkündet in pathetischem Ton...

Rechtsanwalt: Von der Jury einstimmig zur Miss Mehl 1989 gewählt: Signorina Aldina Ferruzzi!

Aldina: Oh nein!

Die Menge johlt und applaudiert, während die anderen Bewerberinnen Aldina umringen und ihr gratulieren. Am freudigsten von allen Susy, die auf das Podium geeilt ist und die Schwester glücklich und gerührt umarmt und küßt, während Salvini in seinem Gefängnis der Verzweiflung nahe ist. Der Bürgermeister legt Aldina die Schärpe um, und der Gnocchi-König erhebt sich von seinem Thron, um ihr die Siegeskrone aufzusetzen.

Bürgermeister: Liebe Aldina, ich danke dir, daß du gewonnen hast, denn so wird mir das Vergnügen zuteil, mit dir – natürlich nur metaphorisch – anzubändeln, indem ich dir dieses Band umlege, die Schärpe der Miss Mehl... ach, jetzt habe ich sie auch noch verdreht, das ist nur deine Schuld, du bringst mich ganz durcheinander. Bravo, bravo, bravo, Aldina. Applaus für Aldina. Bravo!

Aldina: Danke, danke.

Damit die ursprüngliche Bedeutung des Titels nicht in Vergessenheit gerät, schneit es von oben herab echtes Mehl, das alle auf dem Podium in eine dichte weiße Wolke hüllt.

Aldina: Aaah!

Bürgermeister: Jetzt sind wir schlohweiß... etwas verfrüht allerdings...

Susy, die ebenfalls über und über weiß ist, umarmt und küßt die Schwester erneut.

Susy: Siehst du, Aldina, ich hatte recht. Du wolltest mir nicht glauben... bravo...

Bürgermeister: Ich hätte das Schwesterchen auch gleich mitgewählt!

Salvini gerät immer mehr in Panik. Er legt sich auf den Boden, hämmert mit beiden Füßen gegen die Podiumbretter und schreit, so laut er kann...

Ivo: Aufmachen! Aufmachen!

Doch damit bewirkt er nur, daß durch die Ritzen zwischen den Brettern Mehl und Staub auf ihn niederrieseln. Die einzige, die sich

Sorgen um ihn macht, ist Rossella, und endlich gelingt es ihr auch, die Aufmerksamkeit eines Mannes an einem der Tische auf sich zu ziehen.

Rossella: Signore, da drinnen ist einer eingesperrt. (Zu Salvini) Gleich macht er dir auf, er macht dir auf...

Mit Hilfe einiger anderer schiebt der Mann die Treppe zur Seite.

Mann: Na kommt schon, helft mir mal... das Ding hat sein Gewicht...

Endlich ist Salvini wieder in Freiheit.

Mann: Tatsächlich! Was hattest du denn dort unten zu suchen?

Ivo: Danke... ach, es hat sich so ergeben...

Mann: Ist noch jemand drunten?

Ivo: Nein, nein, niemand... nein. Wie das hier duftet!

Rossella: Komm mit, Gnocchi essen, die sind lecker...

Ivo: Rossella, du hast mich gehört, stimmt's? Es war höchste Zeit!

Rossella: Ich hab alles gesehen. Wunderhübsch, die Miss, guck mal, da oben ist sie.

Salvini entdeckt Aldina. Sie tanzt mit dem Arzt Brambilla, der sich jedoch nicht aufs Tanzen beschränkt, sondern lüstern Aldinas Hals abküßt. Und sie läßt ihn gewähren, ja sie scheint ihn sogar noch zu ermutigen. Salvini ist wie vom Donner gerührt.

Ivo: Nein! Das nicht! Nein!

Niedergeschmettert wendet er sich ab, um die für ihn so schmerzliche Szene nicht mehr sehen zu müssen, und geht wie benommen davon. Sein Blick fällt auf einen Herrn mit einem Teller Gnocchi in der Hand.

Ivo: Das schmeckt, nicht wahr?

Signore: Viel besser als letztes Jahr! Da waren gekeimte Kartoffeln drin.

Ivo: Ich geh mir auch welche holen.

Signore: Unbedingt, dafür sind sie ja da, sehen Sie, dort drüben...

Salvini nähert sich einem der Köche, die die Gnocchi austeilen.

Ivo: Kann ich auch einen Teller voll haben?

Der Koch reicht Salvini einen Teller.

Ivo: Und Soße bitte, viel Soße.

Koch: Noch mehr?

Ivo: Ja, noch mehr.

Koch: Zu Befehl. Noch mehr? Bitte schön.

Ivo: So schmecken sie mir, mit viel Soße. Meine Großmutter machte sie...

Koch: Und obendrauf eine schöne Portion Käse.

Ivo: Ach ja, der Käse... Darf ich hier essen? Ich esse hier.

Koch: Wie du möchtest. Guten Appetit, mein Alter.

Ivo: Das ist gut für die Gesundheit, besser als Injektionen.

Neben ihm steht gierig essend der Herr von vorhin.

Signore: Hab ich's nicht gesagt? Gar kein Vergleich!

Stimme des Chefkochs: Willst du das Leben recht genießen, mußt reichlich Soß' du drübergießen.

Stimme des Chefkochs: Soll er stets gehörig stehn, laß dir gebrat'ne Gnocchi nicht entgehn!

Plötzlich hält Salvini inne und starrt wie gebannt auf seinen Teller, als sei ihm ein Gedanke gekommen, der ihn alles vergessen läßt, den Trubel um ihn herum und Aldina, die sich von ihrem Kavalier lasziv die Finger abschlecken läßt.

Aldina: Und jetzt den da, und den auch!...

Dottor Brambilla: Oh, wie köstlich!

Salvini gibt sich einen Ruck und steigt mit seinem Teller auf das Podium. Tanzend schiebt er sich durch das Gedränge und nähert sich Aldina und Brambilla. Er wartet, bis Brambilla, der nur Augen für seine Partnerin hat, ihm den Rücken zukehrt und stülpt ihm mit einer raschen Bewegung den mit Gnocchi und Soße gefüllten Teller über die Glatze. Empörtes Geschrei, Gelächter und Durcheinander.

Dottor Brambilla: Aua! Ah! Das ist heiß... Was sind das für Scherze!

Aldina, die gestolpert ist und am Boden sitzt, weint und jammert...

Aldina: Hilfe, Hilfe... mein Kleid!

Testarossa ist sofort zur Stelle.

Testarossa: Den schnapp' ich mir, Dottore!

Er will sich auf Salvini stürzen, um ihn festzuhalten, doch der flieht, verfolgt von Chiodo und Testarossa. Brambilla gehört offensichtlich nicht zu den Leuten, die keinen Spaß verstehen, und bricht in ein befreiendes Gelächter aus, während Susy der Schwester zu Hilfe eilt, die der erlittenen Schmach und des mit Tomatensoße beschmierten Kleides wegen in Tränen aufgelöst ist. Auch Gonnella in seinem einsamen Winkel hat die Aufregung bemerkt.

Gonnella: Ich spüre den Atem des Aufruhrs. Endlich ist es soweit! Ich stehe auf eurer Seite! Gemeinsam werden wir sie entlarven, Himmel Herrgott!

Salvini drängt sich durch die Menschenmenge auf der Piazza und rennt an Gonnella vorbei, der voller Verachtung seinen Teller gegen die Verfolger schleudert.

Gonnella: Da habt ihr euren Fraß!

Ivo dreht sich im Laufen um und ruft verzweifelt...

Ivo: Nein, nein, Testarossa, laß mich, laß mich laufen, ich hab nichts getan!

Um seinem Freund zu Hilfe zu kommen, eilt Gonnella den drei Männern nach.

Gonnella: Sie werden kehrtmachen müssen, diese brutalen Kerkermeister! Hier betreten wir mein Territorium! Folgen Sie mir, junger Mann.

Doch was die Verfolger zum Aufgeben bewegt, ist weniger Gonnellas Eingreifen als das nun beginnende prächtige Feuerwerk.

Offenes Land. Außen. Nacht.

Der Himmel über dem Städtchen ist vom Feuerwerk hell erleuchtet. Salvini hat seine Verfolger abgeschüttelt und ist nun mit Gonnella allein.

Gonnella: Wir sind in Sicherheit! Kommen Sie. Hier werden sie nicht wagen, uns anzurühren... Und sollen sie uns ruhig bombardieren! Setzen Sie sich!

Erschöpft und keuchend setzen sich die beiden und beobachten das Feuerwerk. Dann wird es still. Salvini blickt über die Felder und zum dunklen Himmel hinauf

Ivo: Hier ist es wie in dem leeren Zimmer bei mir zu Hause. Neben dem Schlafzimmer war ein Zimmer, das ganz leer war, nur Äpfel und Mispeln lagen auf dem Boden. In diesem Zimmer hat alles angefangen... damals herrschte auch diese gespannte Stille, genau wie jetzt. In solchen stillen Nächten kommt es, das Krächzen und Gezwitscher der Vögel und das Läuten der Glocken, und dann höre ich Wörter, die ich zu verstehen glaube und doch nicht verstehe.

Gonnella: Diesen Trick kenne ich! Was sagen sie genau?

Ivo: Sie sprechen so schnell, so hastig. Ich verstehe immer nur einzelne Wörter, »deshalb« zum Beispiel, oder »jedenfalls«. Ach ja, und einmal haben sie ganz deutlich »also« gesagt, also... also... also... also!

Gonnella: Also? Aha! Diese feigen Hunde! Und sie wollen, daß Sie den ersten Schritt tun, stimmt's? Wenn die Sie gefaßt hätten, wären Sie in ernste Schwierigkeiten geraten. Das ist offener Krieg!

Er zieht eine Akte aus der Mappe, die er stets bei sich trägt.

Hören Sie sich das an: verfaßt von einem sogenannten Sachverständigen! Ha! (liest vor) Gonnella Adolfo, geboren in undsoweiter undsoweiter; korpulent und von schwerem Körperbau. So weit, so gut... aber das: dumpfer Gesichtsausdruck, Nervenschwäche, keine Gesprächsbereitschaft! Sollte ich mit ihnen sprechen, um mich beleidigen zu lassen? Und dies ist der Gipfel (lacht bitter:... von bescheidener Herkunft! Junger Mann, eigentlich wollte ich es Ihnen gar nicht sagen, um Sie nicht befangen zu machen, aber ich entstamme der französischen Linie der Biancamano, ich bin ein De la Gillette, und die Dame, die neben mir saß und die Sie sicher nicht gesehen haben, weil Sie von diesen Schurken gehetzt wurden, ist die Herzogin von Alba!

Mit besorgter Miene wendet sich Gonnella dem Freund zu, um zu sehen, wie er diese Offenbarung aufgenommen hat, doch der Platz neben ihm ist leer. Salvini ist verschwunden.

Offenes Land/Ziehbrunnen. Außen. Nacht.

Eine große landwirtschaftliche Maschine fährt langsam über die Felder auf einen Brunnen zu, der von einigen Bauern umringt ist. In der Dunkelheit wirkt das Fahrzeug – eine eigentümliche Mischung aus Mähdrescher, Bagger und Kran mit einem gewaltigen Hebearm, an dem sich eine erleuchtete Führerkabine befindet – wie ein furchteinflößendes Rieseninsekt. Andere Bauern eilen aufgeregt auf den Brunnen zu. Einige von ihnen schleppen eine lange Leiter.

Salvini steht, eine Decke um die Schultern, auf den obersten Stufen der Leiter, die in den Brunnen hinabgelassen wurde. Unter den Männern, die den Brunnen umringen, ist auch Terzio Micheluzzi, der den verwirrt um sich blickenden Ivo freudig begrüßt.

Terzio: Salvini!

Ivo: Terzio, was machst du denn hier?

Terzio: Wir beide dürfen nicht mehr auseinandergehen. Das Schicksal will es so, du siehst ja, dauernd begegnen wir uns.

Erster Bauer: Ich wollte gerade ins Bett gehen, da sagt die Kleine zu mir: Papa, draußen ist ein Mann, dort auf dem Brunnen!

Zweiter Bauer (zu Salvini): Hast dich wohl am Eimer abgeseilt?

Dritter Bauer: Wolltest du etwa Melonen klauen? Die Melonen bewahren wir nicht mehr im Brunnen auf.

Terzio: Wir haben dich gestört, stimmt's? Ich bin dein Freund, erzähle!

Ivo: Dir kann ich es ja sagen. Ich wußte gleich, daß sie diesmal nicht ihren Spott mit mir treiben wollten. Und auch die Vogelschreie – denn die kündigen es mir immer an – klangen anders, wilder... »lauf, Salvini, lauf, Salvini, jetzt oder nie...« riefen sie. Den Brunnen hab ich sofort gefunden, sofort. Aber als ich dann am Seil runtergestiegen bin, war da unten ein Klingen und Dröhnen, ein Geschrei, ein Orkan von Tönen, mein ganzer Kopf war voll davon, und gleichzeitig war mir, als sei ich der Lösung ganz nahe, als würde ich endlich verstehen. Alles würde mir klarwerden. Stell dir vor. Endlich frei sein, mit freiem Herzen leben. Und es ist so einfach, etwas, das schon immer zu uns gehört. Aber wenn ich jetzt sehe, daß statt dessen alles so dunkel und so fern ist, dann ist mir zum Weinen. Ich sehe nur Schmähungen, Ungerechtigkeit... Aldina zum Beispiel: Wo ist Aldina? Ist sie weggelaufen? Haben sie sie weggebracht? Ist das Gerechtigkeit? Ist das Fortschritt? Soll alles so weitergehen? Immer und ewig? Ohne daß man je einer freundlichen Stimme glauben kann? Ohne einen Halt, ohne Sicherheit? Dann sage ich mir, vielleicht wollen sie uns helfen und wissen nicht, mit wem sie sprechen sollen... Sie suchen irgend jemanden aus, irren sich. Ich muß es begreifen. Aber dieses Summen in meinem Kopf wie von Bienen, dieses Dröhnen, das Peitschenknallen und das unaufhörliche Echo von tausend und abertausend Stimmen... Ich muß versuchen zu verstehen, Terzio, ich muß verstehen.

Freundlich hilft Terzio Salvini aus dem Brunnen.

Terzio: Komm, mein Bruder, mein Kleiner, du bist immer noch der gleiche, immer der gleiche kleine Spinner.

Ivo: Wenn wir einmal allein sind, nur du und ich, dann muß ich dir was erzählen.

Terzio deutet auf die »landwirtschaftliche Maschine«, die inzwischen in der Nähe des Brunnens angekommen ist.

Terzio: Sei vorsichtig! Schade, daß ich dich jetzt verlassen muß, aber wir müssen mit unserer Maschine die ganze Nacht durcharbeiten.

Aus der Führerkabine ruft Giuanin in seinem unverständlichen Kauderwelsch zu Ivo hinunter...

Giuanin: Sta che seur bona, ciapà mala Buna che a poch finis giuanuna.

Vito: Eine Nacht wie diese, sagt Giovannino, und es ist geschafft.

Eine Bauersfrau zieht Salvini eine Jacke über.

Bäuerin: Die ist trocken. Weißt du, als du all das Zeug geredet hast, sind mir die Tränen gekommen. Aber eines mußt du mir versprechen: Lauf nachts nicht mehr draußen herum. Diesmal ist es ja noch gut gegangen, aber...

(Sie umarmt und küßt ihn.)

...lieber Ivo.

Hinter Ivo steht Terzio, um sich von ihm zu verabschieden.

Terzio: Ciao!

Ivo: Viel Erfolg bei der Arbeit, Terzio, ciao! (deutet auf die ›landwirtschaftliche Maschine‹) Ist das deine Maschine?

Ginanin: Che bela noch, lavura per nue!

Vito: Die Tage des Mondes sind gezählt!

Terzio: Es muß klappen!

Ivo: Ganz bestimmt!

Terzio klettert in die Führerkabine. Langsam hebt sich der gewaltige Arm, und in der Kabine, die aussieht wie der Kopf einer riesigen Heuschrecke, sind wie zwei Schatten die Brüder Micheluzzi zu sehen, die Ivo zuwinken.

Aus der Dunkelheit taucht Präfekt Gonnella auf.

Gonnella: Junger Mann!

Ivo: Oh, entschuldigen Sie, aber ich mußte es einfach tun.

Gonnella: Nun, ich habe alles, was Sie gesagt haben, sehr aufmerksam angehört. Ich habe nur einen Einwand: Sie reden nicht vernünftig, Sie faseln! Doch da wir nicht mehr allzuviel Zeit zu verlieren haben und da das Ganze nun wahrhaftig kein Spiel mehr ist, bin ich gezwungen, Ihnen zu vertrauen, bestärkt durch die Tatsache, daß ich stets zu erkennen weiß, wer etwas taugt. Und nun knien Sie nieder...

Salvini kniet vor dem Präfekten nieder, als solle er zum Ritter geschlagen werden.

Gonnella: Ich ernenne Sie mit sofortiger Wirkung zu meinem Statthalter und zu meiner rechten Hand! Wissen Sie, wie viele gern an Ihrer Stelle wären?

Ivo murmelt beeindruckt...

Ivo: Viele, kann ich mir vorstellen!

Gonnella: Das können Sie wohl sagen! Stehen Sie auf! Wenn Sie gestatten, möchte ich Ihnen die Grenzen meiner Präfektur zeigen. Bittesehr, gehen Sie voran... Folgen wir dem Pfad...

Und sie machen sich auf den Weg. Sie folgen drei dicken Afrikanerinnen, die ein Stück vor ihnen, mit dem Hintern wackelnd und jede mit einem Henkelkorb am Arm, im Sambarhythmus auf die nahe Obstplantage zugehen. Auf den mondbeschienen Feldern arbeitet die landwirtschaftliche Maschine. Mit lauter Stimme ruft Gonnella dem vor ihm durch das hohe Gras gehenden Freund zu...

Gonnella: Wundert es Sie noch, daß ich bei einer Präfektur dieser Ausdehnung Wert auf derart kompetentes und verantwortungsbewußtes Personal lege?

Ivo: Soll ich weitergehen?

Gonnella: Nur zu, gehen Sie weiter! Wissen Sie, was ich zwischen den Formularen gefunden habe? Käsebrocken, Mortadellascheiben! Und da schreiben die, ich litte an Verfolgungswahn! Und zu welchem Schluß kommen sie? Da, hören Sie, hören Sie... wegen fortschreitender geistiger Abstumpfung in den Ruhestand versetzt... ha, ha, ha... Sehe ich aus wie einer, der in den Ruhestand zu versetzen ist, junger Mann?... Geistesverwirrung, motorische Prostration, allgemeine Altersschwäche... ja, ja natürlich...

Plötzlich sind die drei Afrikanerinnen verschwunden, und mit ihnen auch Salvini. In der Stille ertönt ein Pfiff. Erschrocken hält Gonnella inne und späht umher. Vor ihm taucht aus der Wiese sein Nachbar Salvatore auf und lüftet ehrerbietig den Hut.

Salvatore: Dottor Gonnella, so ein Zufall, Sie hier zu treffen!

Salvini, der seinen Freund aus den Augen verloren hat, bleibt am Rand eines abgemähten Felds mit großen Strohballen stehen und blickt schwärmerisch um sich. Über ihm am dunklen Himmel der Vollmond.

Ivo: Wie lange laufen wir nun schon? Mir kommt es vor, als sei mein ganzes Leben diese eine Nacht.

Immer noch tanzend, haben die drei Afrikanerinnen nun die Obstplantage erreicht. Andere Erntearbeiterinnen sitzen singend im Gras unter den Bäumen und klatschen den Rhythmus der afro-kubanischen Musik mit. Auch Salvini ist bei der Obstplantage angelangt und will sich gerade einen Apfel pflücken, doch Gonnella, der auf der Wiese steht, ruft nach ihm...

Gonnella: Junger Mann! Kommen Sie schnell! Ducken Sie sich... Runter, habe ich gesagt.

Salvini tut, wie ihm geheißen. Die beiden kauern sich ins Gras.

Gonnella: Nun wird es unausweichlich zum Äußersten kommen. Der große Augenblick ist da. Sehen Sie mir in die Augen und antworten Sie. Sind Sie bereit? Ich habe Verständnis und würde es Ihnen nicht nachtragen. Ich schaffe es auch allein. Das Glück ist mir hold, das weiß ich nun, denn wie sonst wäre ich bis hierher gelangt, dicht vor ihr Versteck? Ich werde es ihnen zeigen! Dies ist ihr Hauptquartier! Und nun mutig voran! Gemeinsam werden wir sie fassen, auf frischer Tat ertappen, in flagranti! Hier entlang, wir schleichen uns von hinten an!

Ivo: Soll ich mich ducken?

Gonnella: Leise wie ein Schatten, verstanden?

Ehemaliger Bauernhof. Außen. Nacht.

Salvini und Gonnella nähern sich einem großen, verlassen liegenden Gutsgebäude, hinter dessen Fenstern bläuliche Neonblitze zucken. Weit und breit ist niemand zu sehen. Auf dem Hof brennt ein Feuerchen.

Gonnella: Hören Sie...

Ivo (bleibt stehen): Ja...

Gonnella: Ich habe noch eine Bitte an Sie: Verzeihen Sie mir... Und nun viel Glück!

Ivo: Danke, Ihnen auch. Aber warum sagen Sie das?

Gonnella: Sie werden es brauchen. Dies ist die Stunde der Wahrheit, und falls es schlecht ausgehen sollte...

Der Präfekt unterdrückt mühsam ein Schluchzen und umarmt Salvini.

Gonnella: Auf, gehen wir!

Ivo geht auf das große und beunruhigende, in Nebelschwaden gehüllte Gebäude zu. Doch er dreht sich noch einmal um und fragt...

Ivo: Aber eins möchte ich gern wissen: Weshalb bin ich Ihnen nur begegnet?

Gonnella: Allein wäre es zu riskant gewesen, ich mußte einen Verbündeten finden und habe Sie schon seit längerer Zeit im Auge.

Ivo: Nun gut. Ohnehin ist es nur die Neugier, die mich jeden Morgen aufwachen läßt.

Die beiden sind nun dicht vor dem Gebäude angelangt. Neben einer großen Wasserpfütze liegen alte Autoreifen herum. Plötzlich bleibt Gonnella stehen und hält Salvini mit seinem Regenschirm zurück.

Gonnella: Man hat uns entdeckt! Sie kommen auf uns zu! Sehen Sie nichts? Keine Bewegung, wir warten hier auf sie.

Diskothek. Außen/Innen. Nacht.

Gonnella und Salvini stehen vor einer hohen, mit Aluminium verkleideten Wand, die sich, auf Schienen gleitend, vor ihnen teilt. Die Gestalten, die der Präfekt zu sehen glaubte, sind ihre eigenen, bis zur Unkenntlichkeit verzerrten Spiegelbilder. Sie befinden sich in einer gigantischen Diskothek. Dicke Rauchschwaden und zuckendes Licht erfüllen den endlos erscheinenden Raum. Aus riesigen Verstärkern in Form von Raumschiffen, die über der Tanzfläche zu schweben scheinen, dröhnt ohrenbetäubende Musik. Hunderte von Jungen und Mädchen tanzen mit ekstatischen, rhythmischen Bewegungen, eine wogende Masse von Köpfen und Leibern. Mit einem glücklichen Lächeln stürzt sich Salvini mitten in das Chaos und spricht die Mädchen an, die in seiner Nähe tanzen. Um sich in dem Höllenlärm verständlich zu machen, muß er fast brüllen...

Ivo: Ja, das ist es, ich bin mir ganz sicher! Ihr Frauen habt ein Geheimnis, irgend etwas, wovon wir nichts wissen und das ihr uns nicht sagen wollt. Ihr wollt es für euch behalten. Was ist euer Geheimnis?

Er beugt sich über eine am Boden sitzende Blondine mit nackten Schultern und legt die Arme um sie.

Willst du es mir nicht sagen, nur mir allein?

Blondine: Na, so weit sind wir noch nicht.

Ivo: Erzähl es mir, laßt mich nicht länger leiden. Du willst es mir doch sagen. Was ist das Geheimnis, was macht euch so, wie ihr seid?

Blondine: Du könntest dich wenigstens zuerst mal vorstellen!

Ivo: Warum vertrauen wir einander nicht, ein für allemal?

Am Boden kauernd, umfaßt er die Beine eines anderen Mädchens, das neben ihm tanzt. Das Mädchen, eine langhaarige Brünette in Minirock und schwarzer Lederjacke, läßt ihn lachend gewähren. Als Salvini wieder aufsteht, entdeckt sie den Schuh unter seinem Hemd.

Brünette: Was hast du denn da? Wem hast du den geklaut?

Ivo: Ach, der Schuh! Das ist deiner! Da schau, ich hab ihn dir zurückgebracht, komm, wir probieren ihn an.

Er kniet sich vor sie und zieht ihr den Stiefel aus.

Ivo: Wie lange habe ich gesucht, wie lange habe ich gewartet.

Brünette: Paß auf, gleich falle ich um. Da komm ich doch gar nicht rein.

Mit etwas Mühe gelingt es Salvini, ihren Fuß in den Schuh zu zwängen.

Ivo: Siehst du, er paßt, er gehört dir, es war deiner!

Eine kleine Schwarzhaarige hat die Szene beobachtet und schaltet sich ein...

Schwarzhaarige: Da bin ich mir aber nicht so sicher, daß es ihrer ist!

Ivo: Nicht? Dann wollen wir doch mal sehen, ob er dir besser paßt! Vielleicht habe ich mich geirrt! Wenn es deiner ist, wird das Füßchen leicht hineinschlüpfen, probieren wir's!

Und er kniet sich vor das Mädchen, um ihr den Schuh anzuziehen.

Ivo: Aber ja, er paßt dir, sieh an, es ist deiner!

Ein anderes Mädchen möchte das Spiel auch mitmachen und hält Salvini ihren Fuß vor die Nase.

Anderes Mädchen: Das ist mein Schuh, du Racker!

Ivo: Ah, kann sein! Ich sehe schon...

Salvini läßt sich nicht lange bitten und probiert auch ihr den Schuh an.

Und wieder eine andere...

Fulgenzia: Ich will ihn auch anprobieren!

Ivo: Einen Moment, nehmen wir also das Füßchen von...?

Fulgenzia: Fulgenzia.

Ivo: Paßt wie angegossen! Es ist deiner, Fulgenzia!

Glücklich lachend wie ein Kind, steht Salvini auf und umarmt das Mädchen.

Ivo: Wie du duftest!

Dann läßt er sie los und umarmt die langhaarige Brünette, dann die Schwarzhaarige, dann noch eine und noch eine... Ohne mit dem Tanzen aufzuhören, lassen die Mädchen ihn lachend gewähren.

Ivo: Sieh mich nicht so an, du hast genau den gleichen Blick wie sie, und du auch. Das ist ihr Lächeln! Endlich bist du bei mir, ja, ich erkenne euch, und deshalb kann ich nicht auf euch verzichten, auf keine von euch! Wie könnte ich auch... nein, niemals... Denn jetzt habe ich euer Geheimnis entdeckt. Ihr seid so viele, und doch seid ihr nur eine, eine einzige, ja, ihr alle seid Aldina, alle seid ihr Aldina, alle, alle...

Vor Freude über diese Entdeckung reißt er triumphierend die Arme hoch, und die Mädchen um ihn herum tun es ihm nach.

Wachsam umherspähend, ist unterdessen auch Gonnella nähergekommen. Obwohl er in der Masse der tanzenden Jugendlichen wie ein Fremdkörper wirkt, schenkt ihm in all dem Lärm und Durcheinander keiner die geringste Beachtung. Er geht auf das Podium des Diskjockeys zu, eilt die Treppe zu der erhöht liegenden Kabine hinauf, reißt die Glastür auf, ergreift ein Mikrophon und brüllt...

Gonnella: Wer seid ihr? Erklärt euch, ich befehle es! Ihr Barbaren und Zerstörer, ihr tötet sogar die Musik! Höllentrommeln, Rasseln, Todesklänge! Ruhe, schafft Ruhe!

Immer weiter tanzend, versuchen die Jugendlichen, den absonderlichen Eindringling mit einem Pfeifkonzert zu übertönen, während ein kräftiger Diskjockey ihn von hinten packt und vom Mikrophon wegzerrt. Doch Gonnella gibt sich nicht geschlagen und stürzt sich auf das nächste Mikrophon.

Gonnella: Dies hier ist tiefstes Afrika, ein Höllenpfuhl, aber mir macht ihr keine Angst...

Erneutes Pfeifkonzert, Applaus und Gejohle, von dem keiner weiß, ob es Zustimmung oder Mißbilligung bedeutet.

...das Leben, das Leben hat euch verlassen. Ihr seid nur noch armselige Totengeripppe, verderbt seid ihr, und euer Tanz gleicht einer Orgie!

Zwei muskulöse junge Männer vom Ordnungsdienst sind auf das Podium gestiegen. Sie begnügen sich nicht damit, Gonnella das Mikrophon zu entreißen, sondern zerren ihn mit Gewalt die Stufen hinunter und werfen ihn brutal zu Boden. Die Jugendlichen auf der Tanzfläche applaudieren, während die beiden Disk-Jockeys wieder in ihre rhythmischen Bewegungen verfallen, als sei nichts geschehen. Unter den gleichgültigen Blicken der neben der Tanzfläche herumstehenden Jugendlichen rappelt sich Gonnella hoch, hebt seinen Schirm auf, wischt den Staub von seiner Aktentasche und spricht dabei mehr zu sich selbst als zu den Umstehenden...

Gonnella: Aber ja, wie solltet ihr auch davon wissen? Habt ihr je Geigenmusik gehört?

Zu einem jungen Mann, der ihm seinen Hut reicht...

Danke... Denn hättet ihr je Geigenklänge gehört, so wie wir sie hörten, dann würdet ihr jetzt still sein und nicht die Torheit besitzen zu glauben, daß ihr tanzt. Tanzen ist... eine kunstvolle Stickerei, ist wie ein Flug durch die Lüfte, es ist... als erblicke man die Harmonie der Sterne; Tanzen ist eine Liebeserklärung... ein Hymnus an das Leben.

Die jungen Leute treten vor ihm zur Seite, wie um ihm Platz zu machen, und die Musik verstummt. Schweigend bilden alle einen Kreis um die Tanzfläche, und vom Licht eines Scheinwerfers angestrahlt, tritt die Herzogin von Alba in die Mitte des Kreises. Sie trägt ein langes schwarzes Abendkleid, eine Perlenkette um den Hals, eine Blume am linken Träger und eine elegante turbanähnliche Kopfbedeckung. Der Präfekt betrachtet sie bezaubert, dann nickt er ihr kaum merklich zu, küßt ihr ritterlich die Hand und bittet sie zum Tanz. Doch was nun erklingt, sind nicht die hämmernden Rhythmen der Rockmusik, sondern ein Walzer, der himmlischste aller Walzer: ›An der schönen blauen Donau‹ von Johann Strauß. Die Köpfe leicht im Walzertakt wiegend, schauen die Jugendlichen dem Tanz dieser sonderbaren Wesen zu, die aus einer anderen Welt zu kommen scheinen. Gonnella und die Herzogin beenden ihren Tanz unter dem begeisterten Applaus der jungen Leute, die sich um sie drängen. Sofort beginnt aus den Lautsprechern wieder die ohrenbetäubende Rockmusik zu dröhnen.

Vor der Diskothek. Außen. Nacht.

Die Jugendlichen strömen aus der Diskothek heraus. Autos bahnen sich laut hupend einen Weg durch das Gedränge, Motorräder weichen mit gefährlichen Manövern den Fußgängern aus, der eine oder andere sucht nach seinem Auto. An einem der Autos steht ein junges Mädchen, das wütend einen unerwünschten Insassen aus ihrem Fahrzeug zu vertreiben sucht.

Junges Mädchen: Raus mit dir! Robby, Vicky, kommt her und helft mir!

Der Eindringling ist Salvini, der mit zwei ausgelassen kichernden Mädchen im Fond sitzt.

Junges Mädchen: Was gibt's denn da zu lachen, ihr blöden Gänse? Bitte steigen Sie aus, helfen Sie mir doch, ihn rauszuwerfen. Jetzt reicht's! Wer ist das überhaupt?

Ivo: Warum steigen Sie nicht ein? Dann fahren wir alle zu...

Erstes Mädchen im Auto: Er ist süß, er hat mir ein Gedicht gewidmet.

Und die beiden Mädchen hätscheln und streicheln Salvini wie ein kleines Kind. Als das Mädchen draußen merkt, daß alle Bemühungen vergeblich sind, sieht sie sich nach Hilfe um.

Junges Mädchen: Robby, Vicky, wo seid ihr?

Doch nun beugt sich eine junge Frau (Adele) durch das Fenster ins Auto und ruft überrascht...

Adele: Ivo, Ivo!

Erstes Mädchen im Auto: Ach, laß ihn uns doch!

Adele: Das ist mein Bruder.

Zweites Mädchen im Auto: Er ist sehr sympathisch!

Mit besorgter Miene hält Adele nach ihrem Mann (Osvaldo) Ausschau.

Adele: Osvaldo! Osvaldo, hier bin ich, komm her!

Nun kommt auch Osvaldo hinzu.

Osvaldo: Was ist passiert? Was ist denn hier los?

Adele: Wir müssen ihn nach Hause bringen.

Osvaldo öffnet die Autotür.

Erstes Mädchen im Auto: Guten Abend. Er wollte nur ein bißchen schlafen, hat er gesagt.

Osvaldo (zu dem Mädchen): Tut mir leid! Jetzt kommst du mit mir, Ivo.

Ivo: Sie nehmen mich mit. (lacht) Sie nehmen mich mit! Ich möchte aber noch...

Osvaldo: Los, steh auf, das ist nicht dein Auto, wird's bald!

Erstes Mädchen im Auto: Wie hieß es doch gleich, das Gedicht? Regen, Regentröpfchen, ich weine um mein Schätzchen.

Zweites Mädchen im Auto: Ciao, Ivo, danke für das Gedicht.

Widerstandslos läßt Salvini sich aus dem Auto ziehen und verabschiedet sich mit einem glücklichen und dankbaren Lächeln von den beiden Mädchen.

Auto von Adele. Innen. Nacht.

Am Steuer sitzt Adele, Ivos Schwester, eine ruhige Brünette mit ebenmäßigen Gesichtszügen. Neben ihr Osvaldo, ihr Mann, ein biederer Herr mittleren Alters, der schweigend seine Zigarette raucht. Auf dem Rücksitz Ivo mit zufriedener Miene.

Ivo: Was für eine Überraschung! Wo seid ihr denn die ganze Zeit gewesen? Ach, was auf einer Reise alles passieren kann! Ich hab soviel erlebt! Aber dich habe ich nie vergessen, Adele, meine liebe Schwester... Gut seht ihr aus, genauso wie früher. Ich bin so froh, daß ihr euch um mich keine Sorgen mehr zu machen braucht. Ich habe da einige Pläne... die mein ganzes Leben verändern, alle meine Probleme lösen könnten...

Osvaldo (wenig überzeugt): Schön, schön.

Ivo: Wie tröstlich, wieder nach Hause zu fahren! Wir fahren doch nach Hause, oder? Ach ja.

Osvaldo: Aber sicher fahren wir nach Hause.

Ivo: Und ich werde wieder so gut schlafen wie früher.

Er legt seinen Kopf auf Adeles Schulter, und die Schwester küßt ihn zärtlich auf die Stirn.

Haus von Adele. Innen. Nacht.

Die bescheidene, saubere und ordentliche Wohnstube von Adele. Über dem Sofa hängt ein großes Porträt der Großmutter. Das Abendessen ist beendet. Salvini und sein Schwager sitzen noch am Tisch, während Adele abräumt. Die Kinder, zwei kleine Mädchen (Kuriele und Malimba) von fünf und sechs Jahren, sitzen vor dem Fernseher. Die Tür, die auf eine kleine Gasse geht, steht offen.

Kuriele und Malimba (im Chor): Sdeng, Sdeng! Ta, ta, ta! Raus mit dem Laserstrahl.

Ivo steht auf und nimmt seinen Teller.

Ivo: Ich bringe ihn in die Küche.

Adele: Nein, laß doch, ich mach das schon. (Dann zu den Töchtern) Und ihr könntet wenigstens jetzt zu Tisch kommen und ein bißchen Obst essen, oder?

Kuriele und Malimba: Ultraschall... pam, pam, pam...

Draußen auf der Straße geht ein bärtiger Mann vorbei, der sein Fahrrad neben sich herschiebt. Er bleibt stehen.

Bärtiger Mann: Guten Abend! Ja wer ist denn das? Ivo? Hast du auch mal wieder den Weg nach Hause gefunden? Freut mich, daß du gekommen bist.

Ivo (erfreut): Vincenzone!

Während Adele das Obst auf den Tisch bringt, sagt sie tadelnd zu den Mädchen.

Adele: Ihr solltet euch schämen, euren Onkel so zu empfangen!

Malimba: Onkel, komm her und schau dir Sdot, den König der Ultraroboter, an! Horch mal, der macht so...

Und zusammen mit ihrer Schwester ahmt sie die Geräusche der Science-Fiction-Filme nach.

Adele (zu Ivo): Ich weiß, daß du gerne Limetten ißt, aber ich habe keine bekommen. Möchtest du eine Birne?

Ivo: Ja, die schmeckt mir sogar noch besser!

Osvaldo: Es ist nicht die Saison für Limetten.

Malimba und Kuriele: Wir wollen das leckere Schleckereis, Mamma, wir wollen das leckere Schleckereis, Onkel, wir wollen das leckere Schleckereis! Das Eis, das immer im Fernsehen kommt, das leckere Schleckereis...

Adele: Jetzt ist's aber genug, Malimba, schaltet den Fernseher aus!

Osvaldo: Den ganzen Tag hockt ihr vor dem Kasten!

Ivo: Mir tut Fernsehen gut, denn nach einer Weile schlafe ich immer ein.

Osvaldo: Das ist gut.

Adele: Wenn du müde bist, oben ist alles gerichtet!

Ivo: Ich möchte noch ein bißchen bleiben.

Adele: Ich wollte deine Sachen waschen, aber...

Ivo: Mußt du denn immer waschen?

Adele: ... morgen früh mache ich es auf jeden Fall. Da hab ich ein bißchen mehr Zeit. Diesmal bleibst du doch ein paar Tage? Er kann doch bleiben, nicht wahr, Osvaldo?

Osvaldo: Er ist immer noch hier zu Hause!

Zwei alte Leute, ein Mann und eine Frau (Luigi und Edvige), die draußen auf der Straße vorbeigehen, schauen herein und sehen, daß Ivo da ist.

Luigi: Schau mal, wer da ist! Er ist es!

Adele (legt einen Arm um den Bruder): Weißt du, ich hatte es im Gefühl, daß ich dich treffen würde!

Die alte Edvige fragt von der Tür aus...

Edvige: Darf ich reinkommen? Adele, dürfen wir ihn begrüßen?

Luigi: Sagen wir ihm guten Abend, er wird sich freuen.

Ivo steht auf, um die beiden Alten zu begrüßen.

Ivo: Signor Luigi!

Edvige: Lieber Ivo, sind Sie wieder da! Sie erinnern sich doch an uns, nicht wahr?

Ivo: Aber natürlich! Gibt es sie noch, die Buchhandlung?

Edvige: Sie sehen gut aus!

Ivo: Morgen komme ich, werden Sie dasein? Guten Abend!

Adele: Ciao, Edvige! Viel Spaß beim Spazierengehen!

Edvige: Wir wollten Sie immer besuchen kommen, aber Luigi mit seinem Ischias...

Luigi: Schönen Abend noch...

Die beiden Kleinen sitzen immer noch aufgeregt kreischend vor dem Fernseher.

Kuriele und Malimba: Und jetzt der Superatomsolarschlag!

Ivo: Dann ist Signor Luigi also nicht gestorben. Es hieß doch, daß... (Zu den Mädchen) Genug, meine Lieben, jetzt sind alle tot!

Adele: Sagt dem Onkel gute Nacht, er geht jetzt schlafen.

Malimba: Aber er hat doch den ganzen Tag geschlafen! So eine Schlafmütze!

Kuriele: Der war doch den ganzen Tag im Bett, immer schläft er!

Ivo: Aber morgen gehen wir zusammen im Wald spazieren, einverstanden, Malimba?

Kuriele: Ich bin doch nicht Malimba! Der Onkel bringt ja alles durcheinander.

Malimba: Ich bin Malimba, und das ist Kuriele.

Ivo: Ah, jetzt hab ich's verstanden. (verwechselt absichtlich die Namen) Du bist Malimba und das ist Kuriele.

Kuriele: Nein, nein, er begreift gar nichts!

Malimba: Nein, falsch! Ciao, Onkel!

Adele: So, liebe Kinder, jetzt macht der Papa den Fernseher aus.

Ivo: Gute Nacht, Osvaldo.

Osvaldo: Gute Nacht, Ivo.

Adele begleitet den Bruder in sein Schlafzimmer im ersten Stock hinauf.

Adele: Wir wollten die Küche vergrößern, weißt du noch? Aber dann haben wir doch alles so gelassen.

Von unten ist immer noch die Knallerei im Fernsehen zu hören.

Haus von Adele/Schlafzimmer. Innen. Nacht.

In dem bescheiden eingerichteten Schlafzimmer geht Adele zum Bett und schlägt die Laken zurück.

Adele: Hier schläfst du gut, du wirst sehen. Gerardo hat mir eine Art Lämpchen verkauft, das alle Schnaken vertreibt. Ein Wunderding, keine einzige ist mehr da.

Ivo klatscht zwischen den Händen eine Schnake tot.

Adele: Na ja, eine ist vielleicht doch noch da...

Während Adele das Bett herrichtet, sieht Ivo sich im Zimmer um. Auf dem kleinen Schreibtisch stehen ein paar alte Schulbücher, die ihn an seine Kindheit erinnern. An der Wand hängt ein Porträt von Giacomo Leopardi. Dann zieht ein großer hölzerner Pinocchio seine Aufmerksamkeit auf sich. Er nimmt ihn und hebt ihn wie ein Baby hoch.

Ivo (lachend): Ei, ei, ei...

Adele: Hat mich viel Mühe gekostet, ihn vor den Kindern zu retten!

Ivos Blick fällt auf eine verschlossene Tür, auf die dunkel sein eigener Schatten fällt. Zögernd geht er auf sie zu...

Ivo: Sag mal, Adele, ist denn da drüben immer noch... das leere Zimmer?

Adele, der die Verwirrung des Bruders nicht entgangen ist, versucht ihn abzulenken.

Adele: Also dann, gute Nacht. Und ruf mich, wenn irgend etwas ist, ja? Ich höre dich gleich, ich schlafe dort unten. Ciao, schlaf gut!

Ivo: Du auch!

Die beiden geben sich einen Gutenachtkuß.

Adele: Gute Nacht.

Als Adele die Tür hinter sich geschlossen hat, setzt Ivo sich auf den Stuhl und starrt in Gedanken versunken auf die Tür, die ins leere Zimmer führt. Sein Gesicht verdüstert sich. Langsam steht er auf, geht auf die Tür zu und öffnet sie lautlos.

Haus von Adele/Leeres Zimmer. Innen. Nacht.

Das große dunkle Zimmer ist bis auf einen alten Sessel völlig leer; nicht einmal ein Bild hängt an der Wand. Auf dem Fensterbrett eines der Fenster sitzt Nestore und läßt lächelnd die Beine baumeln. Verwundert nimmt Ivo seine Brille ab, als traue er seinen Augen nicht.

Ivo: Nestore!

Nestore: Ich bin gekommen, weil du der erste sein sollst, dem ich es sage. Sie haben es geschafft! Schau zum Fenster hinaus, sieh mal, wie viele Leute auf der Piazza sind. Aus allen Dörfern kommen sie.

Ivo: Eine gute Nachricht, Nestore! Wie lange haben wir darauf gewartet! Wie schön für mich, für euch, für alle...

Nestore: Die Glocke läutet Sturm, hörst du's? Sie soll alle herbeirufen. Alle sollen sich am Fluß versammeln. Schau hinaus! Wir müssen auch hingehen. Schau doch die vielen Lichter, ein großes Fest!

Vor dem Fenster das dunkle Dorf. Man hört das rhythmische Läuten der Sturmglocke.

Landstraße/Uferböschung. Außen. Nacht.

Ein langer Zug von Radfahrern, fast alle mit eingeschalteten Scheinwerfern, nähert sich unter fröhlichem Klingeln mit den Fahrradglocken im Eiltempo dem Dorf. Die Schiffssirene ertönt, und auf dem Fluß gleitet der hell erleuchtete, überfüllte Dampfer vorbei.

Straßen/Piazza. Außen. Nacht.

Auf den Straßen, die auf die Piazza münden, strömen die Leute herbei, zu Fuß, im Auto, mit Motorrädern, viele auf ihren Fahrrädern. Sogar Busse kommen gefahren. Hupend und klingelnd streben alle der Piazza zu. Auch ein Fernsehteam ist da...

Fernsehreporter (leise): Wir kommen nun auf die taghell erleuchtete Piazza, auf der ein unglaubliches Gedränge herrscht. Zu beiden Seiten des Denkmals hat man zwei riesige Leinwände aufgestellt. Darunter haben an zwei langen Tischen die höchsten Vertreter der Ortsverwaltung Platz genommen. Für die Regierung ist ein Vertreter des Innenministeriums anwesend, und aus dem Vatikan ist Monsignore Degli Esposti gekommen.

Die Sturmglocke verstummt, und tiefe Stille senkt sich über den Platz. Alle sind sich der Bedeutung dieses historischen Ereignisses bewußt. Der Reporter bricht die Stille. An die Anwesenden und an das Fernsehpublikum gerichtet, spricht er tiefbewegt ins Mikrophon...

Reporter: Hochverehrte Eminenz, sehr verehrter Herr Minister, sehr verehrte Vertreter unserer Provinzial- und Regionalverwaltung...

Die Aufmerksamkeit des Bürgermeisters wird von einem Telefonanruf abgelenkt, den er an seinem Funktelefon entgegennimmt.

Bürgermeister (überlappend): Ja? Nein, ich bin der Bürgermeister.

Doch der Anruf ist nicht für ihn, sondern für den Minister.

...Herr Minister, die Parteileitung in Rom.

Minister: Ja?... Zu wem soll ich das gesagt haben? Nein, ich stelle keine aus. Rufen Sie morgen früh im Hotel an, am Nachmittag bin ich wieder in Rom. Ich sage Ihnen doch, das geht nicht... NEIN!

Reporter: Ich bin aufgerufen, Ihnen eine Nachricht zu verkünden, die so außergewöhnlich ist, daß sie über den Aufgabenbereich eines bescheidenen Lokalreporters weit hinausgeht. Sie alle haben es bereits gehört. In einer in der ganzen Menschheitsgeschichte beispiellosen Aktion haben drei unserer Mitbürger den Mond, den Satelliten der Erde, die bleiche Sonne unserer Nächte, das Gestirn der Liebenden gefangen.

Von Lokalpatriotismus erfüllt, ruft Zardetto, der Metzger, der mit seiner imposanten Gestalt alle anderen überragt...

Zardetto: Wer sonst, wenn nicht ein Hiesiger!

Im Publikum befindet sich auch Ersilia, die stripteasetanzende Bäuerin, die zu dem festlichen Anlaß einen schwarzen Hut und eine enge Bluse trägt, die ihren ausladenden Busen kaum zu fassen vermag. Offensichtlich wird sie von dem hinter ihr Stehenden belästigt, denn sie dreht sich um und fährt ihn zornig an...

Ersilia (überlappend): Was soll das?

Reporter: Und es ist unser Sender, der in seiner ersten Direktübertragung dieses Ereignis, das in die Geschichte eingehen wird, weltweit ausstrahlt – eine Tatsache, die das bewegende und erregende Gefühl, das uns heute überwältigt, noch zusätzlich steigert... (tief bewegt) Der Mensch ist zum Mond gefahren, er ist auf dem Mond gelandet, aber daß der Mond zu uns herabkommt, das ist noch nie dagewesen. Und nun bitten wir die Regie, das Interview mit den Brüdern Micheluzzi zu zeigen, das die Techniker unseres Senders vor wenigen Stunden in der Praxis von Professor Falzoni aufgezeichnet haben.

Psychiatrische Praxis. Innen. Tag.

Die Psychiatrische Praxis von Professor Falzoni. Außer dem Fernsehteam, den drei Micheluzzi-Brüdern und dem Professor sind auch Doktor Brambilla und der junge Arzt anwesend. Giuanin Micheluzzi sitzt schluchzend auf einem Stuhl, während Vito ihn zu trösten sucht und für das Fernsehen übersetzt.

Giuanin: Duvummo far tut el cintrà perduma pouna gi fat mal paduma e dev te, remeti' ndel ciel. Bona pardumna.

Vito: Seit wir den Mond gefangen haben, weint er nur. Er ist ganz verzweifelt, von Gewissensbissen geplagt. Wir müssen ihn wieder an seinen Platz zurückbringen, sagt er, es geht nicht ohne ihn! (Zu Giuanin) Na, na, beruhige dich doch! Ja, von dort oben hat er uns zwar ständig beobachtet und uns bespitzelt, aber wir brauchen jemanden, der auf uns aufpaßt. Wir können nicht ohne ihn leben, sagt er. (Zu Giuanin) Hör auf zu weinen, ich hab es ihnen gesagt, ich habe ihnen alles gesagt.

Doktor Brambilla: Das war ja vorauszusehen. Kathartische Prozesse vollziehen sich nun einmal nicht nach Art eines Uhrwerks! (Dann zu Giuanin) Na, wie geht's, ist dir jetzt wieder besser?

Piazza. Außen. Nacht.

Auf dem Podium sitzt Professor Falzoni und spricht zu den Versammelten.

Professor Falzoni: Die Brüder Micheluzzi sind Ihnen allen bekannt, Sie alle haben sie schon bei der Arbeit gesehen, auf der Straße, auf den Feldern oder in Ihren Wohnungen, wo sie

Rohre und Wasserhähne repariert haben. Hören wir nun, was sie uns zu sagen haben.

Psychiatrische Praxis (auf der Leinwand). Innen. Tag.

Der einzige, den das ganze Ereignis nicht im geringsten beeindruckt zu haben scheint, ist Terzio, der gutgelaunt die Fragen des Interviewers beantwortet.

Interviewer: Wir alle fragen uns, wie ist es möglich gewesen, wie habt ihr das angestellt?

Terzio: Das war doch ganz einfach! Frau Luna hat ja nur darauf gewartet (lacht)! Sie hat sich typisch weiblich verhalten! Und was will eine Frau schon? Sie will genommen werden.

Interviewer: Nun ja, aber in der Praxis...

Terzio: Ein nettes Lächeln, ein Kußhändchen in den Himmel hinauf, und schon ist sie unserer Maschine wie eine schöne reife Birne entgegenfallen.

Interviewer: Und wo ist sie jetzt?

Terzio: Immer noch dort.

Interviewer: Wo?

Terzio: Auf dem Gutshof der Migliorini.

Migliorini-Gutshof (auf der Leinwand). Außen. Nacht.

In blendend helles Licht getaucht, das aus den offenen Toren eines Lagergebäudes flutet, steht eine ehrfürchtig schweigende Menschenmenge auf dem Hof der Migliorini. Die Polizei ist mit Panzerwagen aufgefahren, um die Schaulustigen zurückzuhalten, was angesichts des respektvollen Abstandes, den die Leute zu dem Lagergebäude wahren, allerdings überflüssig erscheint. Über der stummen Menge ragt der Arm der ›landwirtschaftlichen Maschine‹ in den Nachthimmel.

Stimme des Reporters: Ungläubiges Staunen, Entsetzen, Furcht, dies sind die Gefühle, die wir auf den Gesichtern der Menschen lesen, die sich hier versammelt haben, um den gefangenen Mond zu sehen, der immer noch hier auf der Erde liegt.

Zwei Fotografen nähern sich den Toren des Lagergebäudes, um den Mond zu fotografieren.

Stimme des Reporters: ... abergläubische Ehrfurcht und Angst wie vor einer unbekannten Gottheit. Viele der Leute weinen, andere beten, bitten um Vergebung und Erbarmen, um Fürbitte.

Piazza. Außen. Nacht.

Das Wort hat wieder Professor Falzoni.

Professor Falzoni: Man hat mich gebeten, dieses phantastische und überwältigende Ereignis zu kommentieren. Verzeihen Sie mir, wenn ich gestehen muß, daß ich mich absolut außerstande sehe, dieser Bitte Folge zu leisten. Ich kann nur mit dem Dichter sprechen: »Nichts weiß man, alles ist vorstellbar!«

Giosetta ist ans Podium getreten, um den Minister zu interviewen.

Giosetta: Darf ich Sie um einen Kommentar zu diesem Ereignis bitten?

Minister: Äh, ein Kommentar! Wir haben stets eine unerschütterliche, unzweideutige, ja ich möchte sagen mutige Position eingenommen. Jede Stimme muß auf angemessene Weise Gehör finden, und zwar im sozialen, staatsbürgerlich-demokratischen, nationalen und internationalen und nun auch interplanetarischen Kontext.

Carmela, die Frau des Commendatore, ist mitten im Trubel eingenickt. Ihr Mann rüttelt sie wach.

Commendatore: He! Willst du wohl aufwachen!

Gonnella hat sich durch die Menge nach vorn gedrängt und nähert sich dem Fahrer des Ministers, der neben seiner nachtblauen Limousine steht.

Gonnella: Seine Exzellenz hat mich zur Besprechung gebeten. Vielleicht ist es besser, wenn ich im Auto auf ihn warte.

Währenddessen interviewt der Reporter den Kardinal.

Reporter: Eminenz, verzeihen Sie mir meine etwas plumpe Frage... Was würden Sie den Mond fragen, wenn er sprechen könnte?

Kardinal: Eine Frage an den Mond! Was könnte man ihn fragen?... Der Mond hat keine Geheimnisse mehr, wir haben sie alle enthüllt.

Reporter: Wie wahr, Eminenz, wie wahr! Entschuldigen Sie, danke.

Die Menge klatscht nur zögernd Beifall. Auf den Stufen des Denkmals sitzt mit gesenktem Kopf Onelio, der Friseur.

Onelio: Ich wüßte schon, was ich ihn fragen würde... ich möchte wissen, wer schuld ist...

Ein Mädchen neben ihm ruft...

Mädchen: Stell ihm doch diese Frage, Onelio!

Ein Mann in der Menge: Was hat er gesagt?

Anderer Mann: Er hat gesagt, er möchte wissen, wer schuld ist...

Auf dem Podium wendet sich Cochi zu seiner Frau...

Cochi: Was hat er gesagt?

Signora Cochi: Ich hab nichts verstanden.

Patrizia: Er will wissen, wer schuld ist.

Signora Cochi: Hm. Wer ist schuld?

Cochi: Schuld woran?

Patrizia: Schuld an allem vielleicht, was weiß ich.

Cochi (zum Minister): Keine schlechte Frage, nicht wahr, Herr Minister.

Doch der Minister lächelt nur. Die Fernsehkamera richtet sich auf Onelio, der sich nun, da er im Mittelpunkt der Aufmerksamkeit steht, geschmeichelt erhebt.

Onelio: Oh, vielen Dank, sehr geehrtes Fernsehen, aber dürfte ich meine Frage vielleicht ändern?

Kameramann: Aber selbstverständlich!

Onelio: Dann möchte ich gerne wissen, wozu ich auf der Welt bin. Die hohen Herrschaften und das verehrte Fernsehen mögen mir verzeihen, wenn ich hier und jetzt diese Frage stelle. Warum sagt uns niemand, wozu wir hier auf Erden sind? Wozu sind wir geboren worden? Ich habe das nie verstanden. Und sagen Sie nur nicht, alles sei enthüllt worden! Wo? Wann? Wem?

Vom Podium aus redet Doktor Brambilla beschwichtigend auf den erregten Onelio ein.

Doktor Brambilla: Hören Sie, lieber Freund, Sie haben ja recht, aber ich möchte Sie doch bitten, sich an die Regeln der Gastfreundschaft zu halten, die doch gerade Ihnen am Herzen liegen müssen, Sie sind Geschäftsmann, empfangen Kunden. Beruhigen Sie sich doch, beruhigen Sie sich! Warten Sie, ich komme zu Ihnen herunter, wenn Sie erlauben...

Doch Onelio läßt sich nicht beirren.

Onelio: Niemand hat mir das je gesagt, aber heute abend müssen Sie es mir sagen, jawohl! Jetzt will ich es wissen, jetzt, in diesem Augenblick, eher gehe ich hier nicht weg: wozu bin ich auf dieser Welt?

Ein paar Gassenjungen lassen sich von der gespannten Aufmerksamkeit, die auf der Piazza herrscht, nicht beeindrucken und nutzen die Gelegenheit, ihre Späßchen zu treiben. Einer von ihnen heftet Angelino, dem Gehilfen des Totengräbers, einen Papierschwanz an die Hose und zündet ihn an.

Angelino: Zu Diensten!

Doch Rossella hat den üblen Scherz bemerkt.

Rossella: Angelino, da brennt was.

Sie reißt den brennenden Papierschwanz ab und löscht das Feuer. Immer erregter und lauter stellt Onelio seine Fragen, auf die niemand eine Antwort weiß.

Onelio: Und wenn wir hier eine Aufgabe haben, dann möchte ich wissen, worin sie besteht. Sie müssen es mir sagen, wozu sind wir da?

Der Reporter ist an das Podium getreten und interviewt mit leiser Stimme den Priester.

Reporter: Don Antonio, was würden Sie ihm antworten?

Don Antonio: Nun, es ist ja verständlich, man kann schon das Gefühl haben, dem Nichts ausgeliefert zu sein...

Reporter: Ja, leider.

Don Antonio: ... und die Leute haben es allmählich satt. Da ist zum Beispiel die Frage, gibt es nun dieses verflixte Paradies oder nicht?

Reporter (lacht): Das frage ich Sie!

Don Antonio: Nun ja, das zu wissen, wäre sehr gut für uns. Manchmal ist es mir nachgerade peinlich.

Reporter: Das kann ich mir vorstellen!

Don Antonio: Seit so langer Zeit hat man nichts mehr davon gehört, und die Leute fangen an zu protestieren.

Reporter: Stimmt!

Don Antonio: Was soll ich denn tun? Wenn ich gefragt werde, gibt es das Paradies, dann kann ich es ja nicht beschwören, aber ich sage: mit fünfzigprozentiger Wahrscheinlichkeit.

Reporter: Nun, das ist ja schon etwas. Besser als nichts.

Der Bürgermeister als erster Bürger der kleinen Stadt fühlt sich bemüßigt, das Wort zu ergreifen.

Bürgermeister: Kommen wir zur Sache, lassen Sie uns die Fragen nicht so vergeuden. Wir sind den anderen immerhin um fünfzig Jahre voraus. Wir stehen mitten in der Zukunft.

Migliorini-Gutshof. Außen. Nacht.

Einer alten Bäuerin ist es gelungen, den Polizeikordon zu durchbrechen. Sie läuft ein Stück auf den Mond zu und wirft sich auf die Knie, um zu beten.

Alte Bäuerin: Ich beschwöre dich, ich flehe dich an! Hilf mir, mach, daß Tommasino wieder gesund wird, erweise mir diese Gnade!

Ein Polizist packt sie und zerrt sie zurück.

Alte Bäuerin: Laß mich los! Ich will nur beten! Tommasino... Tommasino, hilf mir doch... (weint)

Piazza. Außen. Nacht.

Immer noch ohne Antwort auf seine Fragen, beschimpft Onelio voller Zorn den Mond.

Onelio (zum Mond auf der Leinwand): Sag doch was! Antworte! Du steinerner Arsch!

Mit einer raschen Bewegung zieht er einen Revolver aus seiner Jacke, und bevor ihn jemand hindern kann, gibt er einen Schuß auf den Mond auf der Leinwand ab. In der Menge bricht Panik aus. Viele ergreifen schreiend die Flucht. Polizeiautos schieben sich durch das wilde Gedränge zu den Tischen auf dem Podium, um die Prominenz zu schützen. Einige Polizisten reißen Onelio, der von Doktor Brambilla, Testarossa und einigen Männern aus dem Publikum festgehalten worden ist, die Waffe aus der Hand.

Doktor Brambilla (zu Onelio): Du wolltest uns wohl das Fest verderben, was? (Zu den Männern) Helft mir doch, er soll aufstehen! Hierher mit dem Auto!

Onelio lacht hysterisch, doch als die Männer versuchen, ihn vom Boden hochzuziehen, bricht er in Wehgeschrei aus.

Onelio: Aua! Nicht doch, mein Genick! Hört auf, so an mir zu zerren! Au!

Doktor Brambilla: Na los, steh schon auf!

Onelio: Dottore, sagen Sie diesen jungen Männern, sie sollen mich nicht so am Hals packen, sie tun mir weh...

Der einzige, der in dem ganzen Chaos die Ruhe bewahrt, ist Professor Falzoni. Er ist an seinem Platz auf dem Podium sitzengeblieben und wendet sich an die aufgeregte Menge...

Professor Falzoni (über Lautsprecher): Ruhe, ich bitte Sie, bleiben Sie ruhig, schon aus Rücksicht auf unsere hohen Gäste, für deren Sicherheit wir verantwortlich sind. Ruhe, sage ich!

Doch die hohen Gäste, darunter auch der Kardinal, haben schon Zuflucht in ihren großen, kugelsicheren Limousinen gesucht. Gonnella hat das allgemeine Durcheinander ausgenützt, um sich unbemerkt in das Auto des Ministers zu setzen. Der Chauffeur eilt herbei, um den Wagen rasch zum Podium zu fahren, wo sein Dienstherr auf ihn wartet. Der von Fotografen bedrängte Minister will gerade einsteigen, als er durch die Fensterscheibe den Eindringling erblickt.

Gonnella: Entschuldigen Sie, Herr Minister, aber ich hielt es für besser...

Fahrer: Das ist der Wagen des Herrn Minister!

Leibwächter: Wer ist denn das?

Zweiter Leibwächter: Was weiß ich! Raus, aber schnell!

Gonnella (kopfschüttelnd): ...aber ich bitte Sie... (Dann zum Minister) Erklären Sie den Herren doch, daß Sie selbst eine Unterredung mit mir wünschen, um zu erfahren, was hier in diesem Wahlkreis vorgeht.

Doch der Minister würdigt ihn keines Blickes. Der Fahrer packt den Präfekten am Arm und zerrt ihn aus dem Auto. Wortlos, mit indignierter Miene, steigt der Minister ein. Der Fahrer läßt den Motor an, und das Auto fährt davon. Gonnella zieht den Hut und verbeugt sich ehrerbietig.

Gonnella: Schade, daß Sie sich diese Gelegenheit entgehen lassen! Meine Empfehlungen...

Mit Vollgas rasen die Autos der Prominenz davon, eskortiert von den Funkstreifenwagen der Polizei mit Blaulicht und Sirene. Die Zuschauer verlassen enttäuscht und murrend den Platz, während in den Häusern nach und nach die Fensterläden geschlossen und die Lichter gelöscht werden. Nur Professor Falzoni sitzt immer noch auf dem Podium und spricht auf der nun schon halbleeren Piazza ins Mikrophon...

Professor Falzoni: Wieder einmal muß ich voll Bitterkeit feststellen, daß wir keine Gelegenheit versäumen, unsere ewige Unreife zu beweisen. Ich schäme mich für euch! Wir sind wirklich ein Volk von Arschlöchern.

Auf einer der beiden großen Leinwände ist das Einschußloch der Kugel aus Onelios Revolver zu sehen. Nun ist die ganze Piazza dunkel und menschenleer. Nur Angelino und Rossella sitzen noch auf den Stufen am Sockel des Kriegerdenkmals. Und noch ein einsamer Nachtschwärmer nähert sich dem Denkmal...

Rossella: Angelino, da kommt jemand!

Es ist Salvini. Angelino und Rossella stehen auf, fassen sich an der Hand und gehen auf ihn zu.

Rossella: Wir haben uns verlobt! Das haben wir gut gemacht!

Angelino: Zu Diensten!

Rossella: Wir tanzen so gern!

Und wie um ihre Worte zu bekräftigen, tanzen die beiden, vor sich hinsummend, einen wilden Rock. Hoch oben am Himmel leuchtet der Mond. Fasziniert und verstört starrt Ivo mit offenem Mund zu ihm hinauf. Da ertönt plötzlich lautes Gelächter, und der Mond beginnt zu sprechen.

Stimme des Mondes (Aldinas Stimme): Was machst du für ein komisches Gesicht! Die Großmutter konnte nicht mehr aufhören zu lachen, wenn sie dich ansah. Und sie hatte recht! (Lautes Gelächter).

Haus der Salvini. Innen. Nacht.

Mit aufgelöstem Haar sitzt die Großmutter in ihrem weiten weißen Nachthemd auf dem Bett und lacht aus vollem Halse. Dabei deutet sie auf Salvini, der zu ihren Füßen sitzt und sie verwundert ansieht und nicht versteht, warum sie so lacht.

Piazza. Außen. Nacht.

Rund und weiß steht der Mond am Himmel.

Stimme des Mondes (Aldinas Stimme): (Gelächter) Du sagst, du hörst Stimmen, ja? Du rennst von einem Brunnen zum anderen? Freust du dich nicht? Du bist ein Glückspilz, sogenannter Salvini, du kannst sehr froh sein.

Ivo steht auf der dunklen Piazza und ruft zum Mond hinauf...

Ivo: Aber was wollen sie von mir? Sie machen sich über mich lustig, ich verstehe sie nicht. Was wollen sie mir sagen?

Stimme des Mondes (Aldinas Stimme): Ein doppelter Glückspilz also! Du machst mich wütend, so ein Glück hast du! Du sollst auch nicht verstehen, weh dir, wenn du verstündest! Was würdest du dann tun? Du sollst nur zuhören, ihnen nur lauschen, diesen Stimmen, und dich glücklich schätzen, daß sie nie müde werden, dich zu rufen.

Ivo: Wie traurig... mein armes Herz weiß nicht mehr, was es davon halten soll.

Stimme des Mondes (Aldinas Stimme): Ach du lieber Gott, jetzt hätte ich beinahe das Wichtigste vergessen! Warte mal...

Die Stimme räuspert sich, und nun erscheint im Lichtkreis des Mondes das Gesicht von Aldina. Sie singt...

Aldina (singend): Reklaaame... Reklaaame... Reklaaaaaame...

Ihre melodische Stimme geht nach und nach in lautes Krächzen und Quaken über, das alles andere übertönt. Auf einem mit Gestrüpp bewachsenen Feld nähert sich Salvini verstohlen einem Brunnen. Hoch am Himmel hängt unangefochten der Mond. Salvini bleibt stehen, wendet sich verschwörerisch zu uns...

Ivo: Und ich glaube trotzdem, wenn es nur ein bißchen leiser wäre, wenn wir alle ein bißchen leiser wären... dann könnten wir vielleicht doch etwas verstehen!

...und geht weiter auf den Brunnen zu. Dort angelangt, beugt er sich über den Rand, um den Stimmen zu lauschen.

Der Film in 51 Bildern

Die Stimme des Mondes

1990

Produktion:	Eine italienisch-französische Koproduktion C.G. Group Tiger Cinematografica und Cinemax in Zusammenarbeit mit RAI Radiotelevisione Italiana
Produzenten:	Mario und Vittorio Cecchi Gori
Ausführende Produzenten:	Bruno Altissimi, Claudio Saraceni
Idee und Drehbuch:	Federico Fellini, frei nach dem Roman ›Il poema dei lunatici‹ von Ermanno Cavazzoni
Mitarbeit am Drehbuch:	Tullio Pinelli, Ermanno Cavazzoni
Kamera:	Tonino Delli Colli
1. Regieassistent:	Gianni Arduini
Regieassistenten:	Daniela Barbiani, Marco Polimeni
Script:	Norma Del Pace
Mitarbeit am Casting:	Fiammetta Profili
Dekor:	Dante Ferretti
Kostüme:	Maurizio Millenotti
Schnitt:	Nino Baragli
Tonmischung:	Danilo Moroni
Produktionsleiter:	Roberto Mannoni
Organisation und Geschäftsführung:	Pietro Notarianni, Maurizio Pastrovich
Musik:	Nicola Piovani

Darsteller:

Salvini:	Roberto Benigni
Gonnella:	Paolo Villaggio
Aldina:	Nadia Ottaviani
Nestore:	Angelo Orlando
Oboist:	Sim
Susy:	Susy Blady
Großmutter:	Uta Schmidt
Reporter:	Dario Ghirardi
Terzio:	Chevalier
Giuanin:	Nigel Harris
Micheluzzi Nr. 3:	Vito

sowie mit:

Daniela Airoldi
Stefano Antonucci
Eric André Averlant
Ferrucci Brembilla
Stefano Cedrati
Giampaolo Cocchi
Roberto Corbiletto
Giordano Falzoni
Mario Falcione
Francesco Gabriele
Fabio Gaetani
Ettore Geri
Giovanni Javarone
Lorose Keller
Ruggeri-Zwillinge
Arrigo Mozzo
Pippo Negri
Angela Parmigiani
Carmine Ponticello
Patrizio Roversi
Roberto Russoniello
Concetta Sferrazza
Giorgio Soffritti
Massimo Speroni
Silvana Strocchi
Eraldo Turra
Arturo Vacquer

FASANARO
FABIO

OLGA

Villa Ginestra
27

FIAT

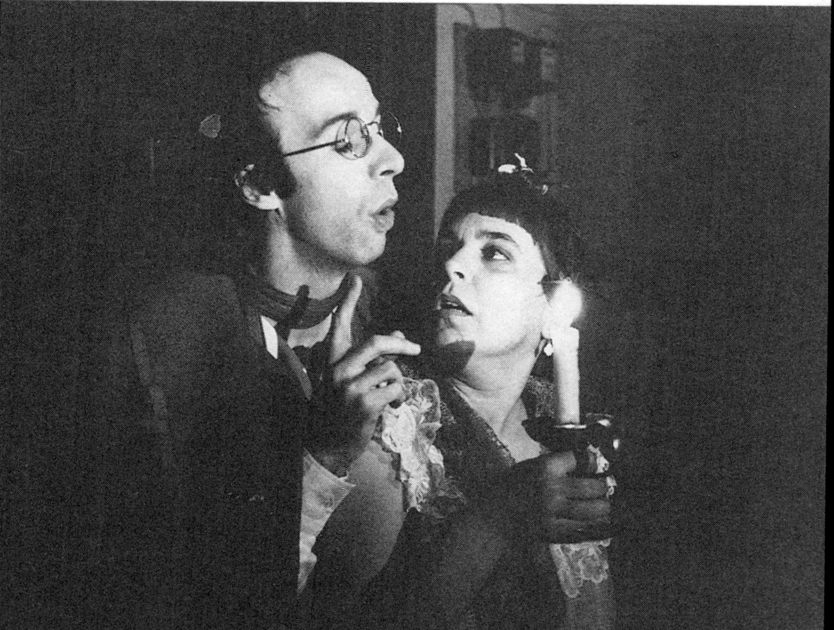

somi
FAI

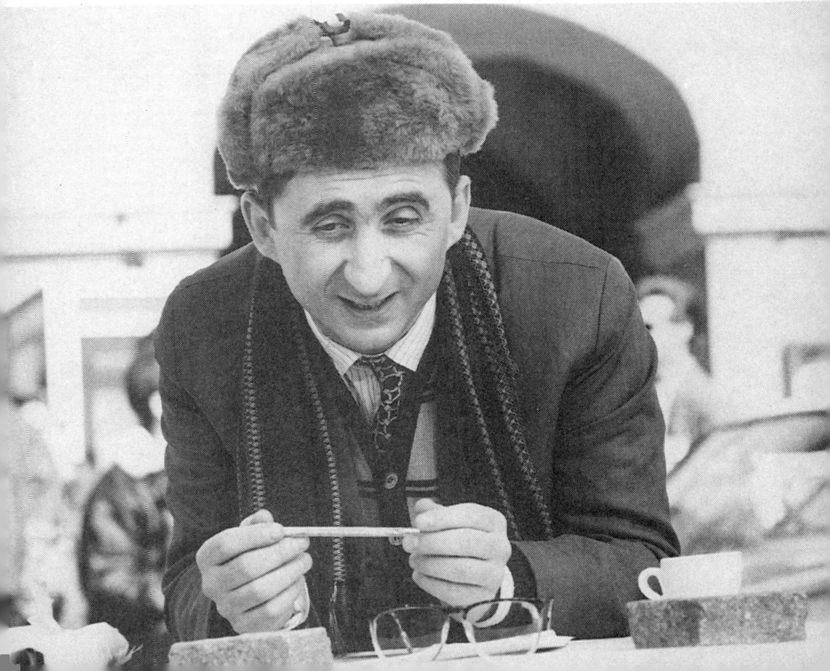

Sip
34
Sip
B021
9511
750

yes!
BUT DON'T SPRAY IT ON!
OH YES!
YES!
ITALIAN SHAVING FOAM

GENGIVA
COLOSIMO
VELLUTO

Wherever you are...
ITALIAN SHAVING FOAM
never leave your skin!

ASSICURAZIONE · ΑΣΦΑΛΕΙΑ · INSURA
ASSURANCE · SIGORTA · HOKEN · SEGURO
POJIŠTENI · FÖRSÄKRING · VERSICHERUN
СТРАХОВАНИЕ · STRAHOVANIE · VERZEKERING
SERENA STEREO

TOYOTA
FATTORI

Fellini über ›Die Stimme des Mondes‹

Ein Kinderspiel

Sehen Sie, wenn ich so einen Nebelfleck vor mir habe, eine Phantasie, die sich materialisieren soll, dann kommt mir das Ganze unbewußt wahrscheinlich als sehr schwieriges Unterfangen vor. Und dann mache ich eben den kindlichen Versuch, die Sache herunterzuspielen, eine beruhigende Atmosphäre zu verbreiten: »Das wird ein Kinderspiel«, sage ich, »das kaum etwas kosten wird, eigentlich braucht man überhaupt kein Geld dazu ...« Wer weiß, diesmal habe ich's vielleicht ein bißchen zu weit getrieben und habe alle mit dieser Verharmlosung angesteckt ...

Es ist, als fragten Sie einen Lokomotivführer, der immer die gleiche Linie fährt, in welcher Stimmung er auf der Strecke Modena–Ferrara ist ... Aber ja doch, denn genauso wie der Lokomotivführer, der immer die gleiche Strecke macht, kommt es auch mir vor, als würde ich immer den gleichen Film machen, nicht hinsichtlich der Geschichte, sondern hinsichtlich der Arbeitsweise: jedesmal geht es darum, Bilder zu fabrizieren, Vorstellungen, Traumfragmente, das, was man gedacht, vor sich gesehen hat, zu materialisieren. Und alles in der gleichen Atmosphäre wie immer: eine dunkle Halle, die sich nach und nach allenthalben erhellt, und um mich herum eine kleine und sehr sympathische Mannschaft, die aus Leuten besteht, mit denen man allmählich gemeinsam alt wird ... das Stimmengewirr, die Scherze, die zum täglichen Leben einer Crew gehören, die zusammen unterwegs ist.

Es wird keine Schelmengeschichte werden, nichts von Vagabundentum; im Gegenteil. Es wird keine rhapsodische Geschichte über verschrobene Figuren, deren mehr oder minder unvorhersehbare Abenteuer verfolgt werden ... Diese *Lunatici* sind nicht verrückt, keine Botschafter wer weiß welcher Welten. Was mich fasziniert und was ich zu erzählen versuchen möchte, das ist ihre höchst vertraute Normalität. Ich möchte auf der Leinwand all das wiedergeben, was an ihnen harmlos, weil bekannt, kodifiziert, verführerisch, ästhetisch ist... Dann aber möchte ich in diese Welt ganz normaler Gesichter und ganz normaler Handlungen die Ahnung von etwas total Unbekanntem, von einer falschen Fokussierung, von einer Verwechslung der Perspektiven hineinbringen...

Kommen wir lieber nochmal auf die Schauspieler zurück: Benigni und Villaggio lassen mich eine Form der Heiterkeit wiederfinden, die etwas Studentenhaftes hat und die, wenn ich Glück habe, schon die Voraussetzung für ein positives Ergebnis sein könnte. Ich empfinde für alle beide aufrichtige Hochachtung, weil sie mir gute Laune machen und auch weil ich sie potentiell für zwei echte Mitarbeiter bei den Abenteuern halte, von denen ich erzählen werde: Ich glaube, mit ihnen läßt sich diese Narrenschiff-Atmosphäre herstellen, die mir und meiner Arbeitsweise kongenial ist. Mir gefällt das Zigeunerhafte, das Vagabundentum. Ich bringe es aber nicht über mich, von Stadt zu Stadt zu ziehen und habe deshalb meine wahre Berufung als Direktor einer fahrenden Schauspieltruppe, die Possen aufführt, immer negiert und negiere sie bis heute. Wenn ich bei meinen Filmen eine Ambition habe, dann ist es jedenfalls die, zum Lachen zu bringen.

Ich habe mir aus Greta Garbo und Gary Cooper nie etwas gemacht. Mir gefiel allenfalls Joan Blondell, aber nicht die Garbo, die ihre militärpolitischen Sorgen auf die Leinwand brachte, und auch nicht die Dietrich mit ihrer überspannten Sexualität... Die großen Stars, ob weiblich oder männlich, haben mich nie ins Kino gelockt. Die Komiker ja. Heldentum und Liebesleidenschaft sind mir fremd. Bei komischen Schauspielern dagegen kann ich Tränen lachen und zu Tränen gerührt sein: ich halte die Marx-Brothers ja sogar für Vorläufer einer bestimmten Richtung der modernen Philosophie... Sehen Sie sich Benigni an: er hat eine Zartheit, eine Anmut, eine Liebenswürdigkeit: er ist die Verkörperung des Schauspielers im Sinn der Maske, ein Pinocchio, ein Stenterello. Und dann Villaggio: der ist ein Clown, im Zirkus in der Tradition des Komikers wäre er derjenige, der immer reinfällt, dem die ganze Wirklichkeit feind ist und ihm ständig ganz konkrete Probleme bereitet... Mit Benigni und Villaggio hoffe ich meine höchste Bestrebung verwirklichen zu können, nämlich zum Lachen zu bringen: Finden Sie nicht, daß meine Filme zum Lachen anregen?... Zum Denken? Oh, nein, das liegt mir nicht: da würde ich Schuldgefühle kriegen. Höchstens den

Produzenten könnte ich zu denken geben ... Aber um Gotteswillen, den möchte ich wirklich mal sehen, der im Kino zum Denken anregen will. Zeigen Sie mir doch einen, der einen Vertrag mit einem Produzenten macht, um das Publikum zum Denken aufzufordern: das würde mich interessieren ...

Aus einem Interview mit Anna Maria Mori, ›La Repubblica‹, Rom, 2. 2. 1989.

Zwei normal Besessene

Ist diese Kleinstadt in ›Die Stimme des Mondes‹ eine Degeneration oder eine Fortentwicklung des Städtchens in ›Amarcord‹?
Weder noch.
Ich kann keinerlei Vergleich zu anderen meiner Filme ziehen: dieser hier ist anders als alle anderen, vielleicht ist er sogar eine Summe daraus, deren Sinn und Wesen ich bisher nicht kenne. Das Städtchen in *Die Stimme des Mondes* ist so gewöhnlich, daß man es schon gar nicht mehr sieht, eine Kulisse, die so alltäglich ist, daß man nicht mal weiß, wo man ist, eine Normalität, die so bekannt ist, daß sie sich selbst annulliert, nicht mehr existiert. Ich bemühe mich, Geschichten zu erzählen, die so selbstverständlich sind, daß man meint, die Wirklichkeit habe sich aufgehoben.
Sind die beiden Hauptdarsteller, Pfadfinder in dieser Irrealität, verrückt?
Sie werden als normale Menschen betrachtet, allenfalls als normal Besessene. Sie haben keinerlei klinischen, psychiatrischen, pathologischen Aspekt und sie sind auch keine lyrischen Spinner, um Gotteswillen; poetischen oder religiösen Wahn, den Verrückten als Botschafter des Transzendenten finde ich entsetzlich. Der sogenannte Salvini, wie Benigni ihn spielt, ist leicht und heiter wie ein Glühwürmchen, aber fähig, das Schiefe, die Verdrehtheit der Welt wahrzunehmen. Gonnella in der Darstellung von Villaggio ist ein ehemaliger Präfekt, der seines Amtes enthoben und in Depressionen verfallen und klaren Geistes überzeugt ist, daß die Welt nur vorgetäuscht, ein Betrug, eine anarchische Komödie ist, die zu entlarven er – auch von Amts wegen – verpflichtet ist.
Stimmt es, daß im Film Benigni nahezu stumm und Villaggio fast nicht wiederzuerkennen ist?

Benigni hat das Charisma, das Format, das Wesen des Mimen: hier spricht er sehr wenig, das ist wahr. Nicht um den schnodderigen und aufmüpfigen Unterhaltungskünstler vergessen zu lassen, der es gewohnt ist, drauflos zu monologisieren, zu quasseln, Respektlosigkeiten von sich zu geben und Witze zu reißen, sondern weil sein eigentlicher Reiz der der großen Stummfilmkomiker ist, denen er ja auch im Aussehen gleicht: komisch und melancholisch, wie ein Clown. Villaggio ist verkleidet, mit Bart und langen Haaren, so daß er nicht seinem geschurigelten und doch gewitzten Fantozzi gleicht, sondern schmuddelig, heruntergekommen, zerlumpt aussieht.

Welche anderen Personen und Komiker werden sonst noch mitspielen?

Patrizio Roversi spielt den Sohn von Villaggio–Gonnella, einen seriösen Herrn, der über die Veränderung seines Vaters sehr betrübt ist. Der neapolitanische Komiker Angelo Orlando spielt den Nestore, einen schmächtigen Typ, der sich berufen fühlt, sich auf die Dächer zu flüchten und von oben auf die verdrehte Welt herabzublicken: er hat eine schöne, geile Frau geheiratet, eine, die immerzu vögeln will, hitzig wie ein Feuerofen, ungestüm und gnadenlos wie eine Lokomotive – und sie wird ja auch die Dampflokomotive genannt –, die ihren Mann zuerst verschlissen und dann verlassen hat. Susy Blady ist die in Benigni verliebte Schwester des Mädchens, in das Benigni verliebt ist: Aldina, dargestellt von Nadia Ottaviani, makellos, strahlend und silberhell wie der Mond. Der französische Schauspieler und Schriftsteller Sim ist ein von der Musik verfolgter Oboist, die Musik deprimiert ihn, sucht ihn heim, begeht Hexereien um ihn herum und peinigt ihn. Dann sind noch die Ruggeri-Zwillinge dabei, Giovanni Javarone, Russoniello, der Komiker Vito mit seinen runden Augen, und viele andere. Ich habe sehr bedauert, daß ich, da aus Gründen der Koproduktion ein weiterer französischer Darsteller eingesetzt werden mußte, auf Francesco Salvi verzichten mußte. Alle aber sind Darsteller von Geschichten: an diesem Film ist nichts Magisches, nichts Symbolisches.

Wenn nun aber die Piazza in ›Die Stimme des Mondes‹ ›Piazza della Nazione‹ heißt und wenn sich auf der Piazza eine ›Galleria Italia‹ und ein ›Gran Caffè d'Europa‹ befinden und das wie eine Synthese Italiens erscheint …

Dies sind Dinge, die ein Beobachter bemerken und für bedeutungsvoll halten mag: ich aber gehe nicht von Äußerlichkeiten aus, ich gehe vom Inneren der Dinge aus. Meine Filme sind keine soziologi-

schen, ideologischen oder intellektuellen Filme, was ich mache, ist malerisches Kino: wie ein Maler male ich, mische ich, wische wieder weg und male neu. Meine Palette und meine Farben sind in diesem Fall das nachgebaute Städtchen, seine ent-realisierte Normalität.
Ist es die Normalität unserer heutigen Zeit aus der Sicht dessen, der etwas anderes gekannt hat?
Sicher. Ich bin jetzt bald siebzig, da ist es verständlich, daß ich diese italienische Normalität manchmal mit Wut, Ungeduld, Nostalgie und Entmutigung sehe.
Und läßt der Mond im Film seine Stimme hören? Spricht er?
Das weiß man nicht. Es ist zu hoffen, daß er spricht, für einige spricht er, für andere hat er schon vor Jahrmillionen gesprochen.
Was stellt der Mond dar?
Nur sich selbst: ein Accessoire des Firmaments.

Aus einem Interview mit Lietta Tornabuoni, ›La Stampa‹, Turin, 14. 4. 1989.

»Sie scheinen das, was sie nicht sind, und sind das, was sie nicht scheinen.«

Ich komme mir vor wie Buster Keaton in dem Film, in dem er den Eisenbahner spielte und die Schienen nach und nach vor die Lokomotive legte, damit der Zug weiterfahren konnte. Vor mir ist nichts, ich erfinde alles in den Tag hinein...
Vor dir ist nichts, wieso denn das? Hast du den Film nicht dem Buch ›Il poema dei lunatici‹ von Ermanno Cavazzoni entnommen?
Das Buch hat mir lediglich Vibrationen vermittelt, mich vielleicht zu einer Atmosphäre inspiriert. Und natürlich zu zwei Figuren, dem kreativen Verrückten und dem bürokratischen, negativen Verrückten. Der Rest ist ganz anders, aber er ist, wie gesagt, noch nicht da. Oder jedenfalls ist noch nicht viel davon da.
Aber hier ist doch ein Film, da sind Bauten, es gibt eine Crew, in den Studios tut sich was, schon seit September...
Nun ja, das ist eben, wenn du so willst, das Wunder des Films. Daß man um eine Idee herum eine Menge Personen, viele Dinge und auch viel Kapital ansammeln kann. Um eine Idee, wohlgemerkt, die nicht einmal schriftlich fixiert ist. Und das sage ich nicht etwa, weil ich dir nichts erzählen will, sondern weil wirklich nichts da ist. Jeden

Morgen gebe ich Pietro Notarianni und Maurizio Pastrovich, die die Produktion überwachen, zwei oder drei kümmerliche Seiten, oder nein, vielleicht nur eine oder zwei. Damit wird die Arbeit für den Tag geplant, werden die Drehorte festgelegt und das, was an diesen Orten benötigt wird. Dann werden die Parts getippt, die die Schauspieler zu sprechen haben. Damit ist natürlich noch nicht gesagt, daß man das dann auch alles schafft: womöglich ist es zu windig, oder es regnet, oder Tonino delle Colli, der für die Fotografie zuständig ist, sagt mir, daß die Lichtverhältnisse nicht richtig sind, und dann heißt es warten oder manchmal auch umdisponieren. Ich werde mehr vom Film geführt, als daß ich ihn führe...

Mehr oder weniger das gleiche hast du mir auch schon nach ›Intervista‹ gesagt, als wir damals zusammen von Moskau nach Mailand zurückgeflogen sind...

Ja, aber da sprach ich über einen Film, der bereits fertig war, den ich dir rekapitulieren konnte. Aber auch wenn wir vorher darüber gesprochen hätten (haben wir das denn nicht sogar getan, mindestens zwei-, dreimal?) hätte ich dir ziemlich präzise Dinge sagen können: über mich und meine Erinnerungen als Regisseur zum Beispiel, über mich und Cinecittà. Die Linie, der ich folgen wollte, hatte ich schon im Kopf, bevor ich anfing, und auch wenn es keine Vorlage gab, wußte ich doch ganz genau (oder fast...), wie die erste und wie die letzte Seite sein würde.

Und im jetzigen Fall?

Ich habe dir doch gesagt, der Film führt mich, und ich folge ihm. Staunend und ergriffen angesichts des großen Wunders Film: da genügt eine Idee, und schon bewegt sich alles; nicht eine Idee, die ein Schriftsteller bei Morgengrauen in seinem Zimmer zu Papier bringt, allein, mit der Feder in der Hand, sondern, wie gesagt, eine Idee, die dir diese ganze große Maschinerie in Bewegung setzt, die du hier siehst, und auch all das, was du nicht siehst – Produzenten, Gelder, schriftliche und mündliche Abmachungen, das aber existiert und sein Gewicht hat. Und alles auf Vertrauensbasis, alles für eine Idee...

Schön und gut, aber es ist eine Idee von dir. Wenn sie von einem anderen käme und ein anderer sie vorschlagen würde, würde sie recht wenig Vertrauen erwecken. Das Wunder des Films ist dein Wunder!

(Fellini verzieht das Gesicht zu einer Art verschmitztem Augenzwinkern, tut aber so, als wolle er es verbergen.) Erwarte nur nicht, daß

ich dir jetzt antworte, es ist mein Wunder, weil nur mein Kino Kino ist... Nein, um mich herum ist ja noch mehr: die Produzenten in Rom, meine Assistenten, die Techniker, die Schauspieler, alle wissen ganz genau, daß ich Tag für Tag erfinde, ähnlich wie Goldoni, der seine Komödien Abend für Abend schrieb und korrigierte, so wie er sie aufführte. Keiner erschrickt darüber, nicht mal die Cecchi Gori, nicht mal die RAI, und die können ja schließlich rechnen, denn, so denke ich mir, es beruhigt sie zu sehen, wie ich die Schienen vor den fahrenden Zug lege, und der Zug fährt ja wirklich und war bis heute nie in Gefahr zu entgleisen.

Du könntest aber doch versuchen, mir etwas über diese... Eisenbahnschienen zu sagen. Ich verstehe deine Einstellung ja sehr gut, im übrigen war es das gleiche bei Eisenstein, der auch improvisierend schuf, konträr zu Pudowkin, dem Verfechter des ›eisernen Drehbuchs‹. Eisenstein sprach jedoch von einer ›Filmnovelle‹, um die herum dann der Film konstruiert wurde. ›Viva Mexiko!‹ ist genau wie ›Die Stimme des Monds‹ nur von einer Idee ausgegangen, aber nachdem zigtausend Meter Material gedreht waren, konnte Eisenstein doch noch einen zusammenhängenden und abgeschlossenen Film (›Sturm über Mexiko‹) daraus fertigstellen.

(Ein kleines, diesmal ruhiges und zufriedenes Lächeln.) Und am Ende werde auch ich meinen Film fertigstellen, wie alle meine anderen Filme auch, jetzt aber bin ich noch in dem zwiespältigen Zustand zwischen Schwangerschaft und Entbindung und muß mir erst noch ganz klarwerden, was da geboren werden soll. Um was für eine Idee es geht, fragst du? Nun, um die Spinner, oder wenn dir das lieber ist, die Verrückten, oder besser noch diejenigen, die außerhalb der Norm stehen, jedenfalls außerhalb einer bestimmten Norm. Sie scheinen das, was sie nicht sind, und sind das, was sie nicht scheinen. Wie übrigens fast alle heutzutage. Deshalb ist auch diese Kleinstadt, die du hier siehst, typisch für das heutige Italien, obgleich sie nichts hat, das sie kennzeichnet oder besonders heraushebt. Wenn du die Straßenschilder und die Namen auf dem Kriegerdenkmal siehst, könntest du sofort an eine meiner emilianischen Städte denken, noch dazu heißt das Ganze ja Reggiolo, mit starker Betonung auf dem ersten o, aber ich bin dabei so verfahren – und Ferretti hat sofort auf mich gehört –, daß die Stadt nie einen Anhaltspunkt für eine exakte geographische Lage bietet, ebensowenig wie ihre Bewohner, die unwahrscheinlich viele verschiedene Dialekte sprechen: das Italien von heute, besser vielleicht aber noch: das Heute, mit all seinen

verqueren Verhaltensweisen, mit seiner totalen – wirklich totalen – Unfähigkeit, sich an eine Norm zu halten, weil es keine Norm mehr gibt; es gibt, wenn überhaupt, nur die Norm der Nicht-Norm...

Aber man soll dabei lachen, nicht etwa philosophieren.

Ja, sicher, mir gefällt es, zum Lachen zu bringen (auch wenn ich ernste Dinge sage). Eine meiner größten Ambitionen ist es, ein komischer Autor zu sein, also gute Komik zu machen. Ich will dir nicht schon wieder sagen, was ich seit Jahren sage: die Komödie ist unter allen Arten des Schauspiels diejenige, die der Poesie am nächsten kommt, weil sie die Wirklichkeit neu interpretiert, die Charaktere neu deutet, die Natur entstellt und dir dadurch erlaubt zu erfinden, dich nicht an die Chronik, an den äußeren Schein zu binden. Kurzum, sie ist Phantasie, und woran ich vor allem glaube, auch wenn ich solcher Äußerungen wegen damals in der Zeit des Neorealismus schief angesehen wurde, das ist die Phantasie. Erschaffen heißt erfinden, nicht kopieren. Und in einer Komödie, in der Komik, ist man viel erfinderischer. Chaplin und Clair beweisen das.

Eine Komödie... Deshalb also zwei Komiker, Benigni und Villaggio...

Auch deshalb, ja. In gewisser Weise zeichnete sie sich, wenn auch nur entfernt, schon in *Poema dei lunatici* ab. Und da ich nun mal eine Komödie wollte, erschienen mir Benigni und Villaggio im ganzen Panorama der italienischen Komiker sofort am besten für den Zweck geeignet, der mir vorschwebte, weil sie völlig frei von der Art Komik sind, die ich am meisten verabscheue, nämlich die, die nur von analerotischen Vulgaritäten lebt. Benigni ist empfindsam und clownesk im höchsten und ganz klassischen Sinn des Wortes; Villaggio ist ebenfalls clownesk, aber mit einem Stich ins Tragische, er bringt einem zum Lachen, aber das Lachen bleibt einem im Halse stecken. Benigni gibt in einer Komödie den Pfeffer hinzu, indem er sich über alles lustig macht. Villaggio bringt Schwefel hinein, denn er kann einen auch schaudern lassen. Alle beide aber, ich sage es noch einmal, bringen auch zum Lachen: genau wie unter einem Zirkuszelt, und das ist es, was ich von meinen Verrückten wollte.

Seit *La strada* ist dies vielleicht mein Film mit den meisten Außenaufnahmen, deshalb mußte ich Cinecittà verlassen. Auch dort, in den Mauern von Cinecittà, könnte man Städtchen wie dies hier aufbauen, sobald du aber die Kamera ein bißchen nach oben richtest, siehst du ringsherum die neuen Häuserblocks, und mit der Illusion von Weite, von ländlicher Umgebung ist es aus. Hier dagegen ist noch ein bißchen freie Luft übriggeblieben, und so kann ich, wenn ich will, auch einer Wolke folgen, deren Form der Wind binnen weniger Minuten verwandelt.

Aus einem Interview mit Gian Luigi Rondi, ›Il Tempo‹, Rom, 21.4.1989.

Ein Film für die Stille

Ich habe doch immer meine Liebe zu den Frauen kundgetan. Sobald ich, aber nicht nur ich, sondern jedes menschliche Wesen, als kleines Kind die Arme auszustrecken begann, streckte ich sie einem weiblichen Körper, Frauenbeinen, Frauenknien entgegen... Und so ist mein ganzes kreatives Leben ein Gesang der Dankbarkeit, der Erkenntlichkeit, des Staunens und der Bewunderung für die Frauen gewesen und ist es immer noch... Wie es in den Tantra-Versen heißt, ist die Frau der Leib des Universums: es gibt keine höhere Glückseligkeit als die, welche die Frau zu geben vermag...

Eine präzise Antwort auf eine präzise Frage, so wie Fellini es gerne tut: aus Höflichkeit. Und aus Höflichkeit antwortet er auch den vielen, die ihn anrufen, und verspricht allen Termine, Begegnungen, Umarmungen. Federico, warum sind Sie so höflich?

Weil ich scheinheilig bin: falsch und höflich, wie es von den Piemontesern heißt... Liebenswürdig? Vielleicht: ich gebe zu, daß ich einen Hang dazu habe, gefallen zu wollen. Aber es ist auch ein Stück Egoismus dabei: Höflichkeit, Liebenswürdigkeit sind ein Mittel, mit dem ich mir Harmonie sichern will, denn wenn es um mich herum Lärm, Reibungen, Gewalttätigkeit gibt, dann kann ich nicht für mich sein... Es ist also Kalkül: ich stelle eine Atmosphäre her, die dafür sorgen soll, daß ich meine Ruhe habe...

Und deshalb haben Sie einen Film gegen den Lärm gemacht?

Sagen wir lieber für die Stille. Unter den aufgegebenen Projekten, die – immer weniger vollständig, weil ich sie nach und nach ausplündere – in mir ruhen, ist schon immer ein Film über das Ländliche: über die Jahreszeiten, die Gewitter, die Tiere... Wenn ich zu den unzerstörbaren Kindheits-Anekdoten zurückkehre, ist alles verbunden mit den Sommern, in denen ich als Kind in Gambettola bei Großmutter Fraschina weilte: zwei Monate, die nicht im geringsten den winterlichen Monaten glichen, die ich in Rimini verbrachte. Etwas von dieser Welt, von diesen Empfindungen habe ich schon in *Amarcord* erzählt. Aber ich hätte noch so viel zu sagen. Und das Ganze bekam irgendwann auch einen Titel: *Oscia la Madonna* wollte ich einen Film nennen, und das war fast ein Fluch, aber ein so eingängiger Titel, genauso schön wie *Rashomon*... Etwas über die Bauern, über ihre Beziehung zur Natur, zum Mond, zu den Tieren und der Pflanzenwelt... Dann hatte ich wieder an einen anderen Titel gedacht: *Die Stille der Felder*... Und unter diesem Titel hätte ich vom Reden und Schweigen meiner Kindheit auf dem Land erzählt: drei Buchen an einem Brunnen begannen Punkt zwölf Uhr mittags miteinander zu reden und erzählten die Geschichte einer Frau und eines Buckligen, der die Frau geheiratet hatte. Sie betrog den Buckligen, und er stieß sie in den Brunnen, sie aber zog ihn mit sich hinab, und alle beide ertranken. Mittags hörte man am Brunnen bei den Buchen die Stimmen der Frau und des Mannes: der Bucklige stieß schreckliche Beschimpfungen gegen die Frau hervor, die ihn betrogen hatte, und sie flehte und jammerte um »Vergebung«...

Aus einem Interview mit Anna Maria Mori, ›La Repubblica‹, Rom, 31. 1. 1990.

Nostalgie nach eigentümlichen Vibrationen

Jeder hoffte, daß *Intervista* mein letzter Film sein würde, das narzißtische Resümee eines unter dem Motto »Ich rede nur über mich« verbrachten Lebens. Und jetzt, tut mir leid, habe ich doch noch einen gemacht.

Haben Sie sich lange gefragt, welches Thema Sie wählen sollen?

Ich vermeide sorglichst, mir Fragen zu stellen, denn ich bin unfähig, mir Antworten zu geben. Zu Beginn jedes meiner Filme hefte ich an eine große Pinnwand, die in meinem Büro hinter mir hängt, die Fotos all derer, die irgendwann in diesem Film irgendeine, vielleicht auch nur ganz kleine, Rolle spielen könnten. Nach und nach füllen sie den Platz, stoßen aneinander, überlagern sich und erobern sich ihr Bürgerrecht. Dann ist mein Leben bestimmt von diesem großen Teppich aus Gesichtern, der ergänzt wird durch ein Netz aus beigefügten Zeichen, Merkzetteln, Telegrammen, kleinen Amuletten,

Stoffmustern, Teilen des Dekors, Skizzen, verschiedenen Notizen. Wenn der letzte Arbeitstag da ist, fange ich an, alles, was die Wand bedeckt, abzureißen, schlage mich mit Reißnägeln herum und mache mir dabei die Finger kaputt, und dann ist der Hintergrund aus grünem Stoff, die Pinnwand, wieder leer. Ich betrachte sie eine Weile, und dann nehme ich wie immer, seit jeher, ein weißes Blatt Papier, schreibe darauf: »Und nun?«, vergesse auch das Fragezeichen nicht und hänge das Blatt an die Wand. Das ist die einzige Frage, die ich mir stelle. Im Ernst, solche Momente der Leere, die Sie »Frage« nennen und die mich in einen Zustand der existentiellen Schwerelosigkeit versetzen würden, kenne ich überhaupt nicht, wenn ich die Möglichkeit dazu hätte, wenn es mir gestattet wäre, nicht unterbrechen zu müssen, um Geld aufzutreiben, würde ich nie aufhören. Wenn ich gefragt werde, welcher meiner Filme mir der liebste sei, dann bin ich außerstande, darauf zu antworten. Zum einen, weil ich mir nie einen davon nochmal angesehen habe. Zum anderen, weil es für mich keinen Unterschied zwischen einem Film und dem anderen gibt. Ich habe wirklich dieses Gefühl, immer nur den gleichen Film gemacht zu haben, in dem sich eine Gestalt in eine andere verwandelt oder mit der anderen verwandt oder ihr Nachfolger ist.

Unentwegt zu arbeiten ist schon immer mein Traum gewesen. Deswegen habe ich meinen verschiedenen Produzenten auch vorgeschlagen, mir einen Angestelltenstatus einzuräumen (mit einem möglichst hohen Gehalt!) und mich jeweils für ein Jahr zu beschäftigen. Dazu ist es nie gekommen, denn da gibt es eine Art Mißtrauen, das der kreative Menschentyp weltweit erweckt, dieser Menschentyp, dem man die gräßliche Bezeichnung Künstler anhängt... Ein Mißtrauen, das letztlich ja gerechtfertigt sein mag. Wer diese Art von Beruf ausübt, bewahrt sich zum Glück immer etwas Kindliches, Unreifes, mithin nicht ganz Glaubwürdiges. Mir geht der finanzielle Aspekt vollkommen ab, ich habe keinen Sinn dafür, er ist mir fremd, ich fühle mich völlig davon ausgeschlossen. Der Gedanke an einen Finanzplan langweilt mich tödlich. Gesprächen, in denen es um Steuerprobleme, um Banken, um Provisionen geht, kann ich nicht länger als ein paar Sekunden folgen. Auf diesem Gebiet bin ich wirklich pathologisch infantil, ich habe für diese Dinge ebensowenig Sinn wie meinetwegen eine Katze. Ich brauche also Mittelsleute, Produzenten. In diesem Fall, für diesen Film, Mario und Vittorio Cecchi Gori. Die Arbeit mit ihnen gründete sich auf ein absolutes

Vertrauen, das ich von ihrer Seite fast ein bißchen unverantwortlich finde...

Die Wahrheit ist, daß ich *Die Stimme des Mondes* in den alten De-Laurentiis-Studios drehen mußte, weil der Film Raum benötigte, einen flachen, freien Horizont, einen Himmel, der die Erde berührt. Cinecittà wird inzwischen von einem Gürtel von Gebäuden erstickt, den Himmel, den echten Himmel, sieht man dort gar nicht mehr. Ich aber mußte den Anbruch der Dämmerung, der Nacht, des Morgens filmen können. Auf dem De-Laurentiis-Gelände war das möglich. Ich konnte eine kleine Stadt inmitten von Feldern aufbauen. Zwischen den Häusern kann man die Schleifen eines Flusses erkennen. Das habe ich ebenfalls bauen lassen. Ich hatte den Bürgermeister von Rom um die Erlaubnis gebeten, den Tiber umzuleiten, aber er hat sich geweigert. Der Mann liebt eben das Kino nicht!

Das italienische Plakat für ›Die Stimme des Mondes‹ zeigt zwei männliche Gestalten, die eine ist älter als die andere. Hinter ihnen bebaute Äcker und Felder, eine klare Nacht mit einem leuchtenden Mond; im Vordergrund sieht man einen Ziehbrunnen, der ja sicher seine Bedeutung hat.

Ja, denn der jüngere der beiden, gespielt von Roberto Benigni, hört eine Stimme, die aus diesem Brunnen kommt und ihn ruft. Der andere, ältere, Paolo Villaggio, hat das Gefühl, Ziel einer weltweiten Verschwörung zu sein. Er ist ein gedemütigter Beamter... Den Anstoß zu diesem Thema gab mir die Lektüre eines Romans von Ermanno Cavazzoni, *Il poema dei lunatici.* Darin ging es um Verrückte in Italien. Dieses Buch hat mich um dreißig Jahre zurückversetzt, in die Zeit von *Nächte der Cabiria.* Damals hatte ich die Absicht, einen Film nach dem Buch *Le donne libere di Maggiano* von Tobino zu machen. Tobino ist ein nicht unbedeutender Schriftsteller, der damals Leiter einer psychiatrischen Klinik in der Toskana war. Er hatte eine kleine Wohnung auf dem Klinikgelände, und sobald er Zeit dazu hatte, schrieb er. Ich habe ihn besucht und bin – freiwillig, wohlgemerkt – fünf, sechs Wochen dortgeblieben. Gleich bei meiner Ankunft hat Tobino mich einen weißen Kittel überziehen lassen, und ich durfte die ganze Einrichtung besichtigen, die früher einmal ein befestigtes Kloster gewesen war. Eine riesige, von Mauern umgebene Anlage mit Gebäuden, Gärten, Höfen mitten in einem Wald. Ein Ort, der der Phantasie eines Buzzati oder eines Kafka hätte entsprungen sein können.

Und wie verhielt sich Doktor Fellini?

Doktor Fellini hatte großen Erfolg und konnte bei einigen Kranken eine beachtliche Verbesserung ihres Zustandes feststellen. Und nach einem Monat begann er ein mit Euphorie vermischtes, ganz eigentümliches Unbehagen zu verspüren. Eine von Mauern umschlossene Stadt, in der jede Art von Delirium erlaubt ist, gibt einem, der nicht verrückt ist, oder jedenfalls meint, es nicht zu sein, ein Gefühl der Freiheit, das keine politische oder religiöse Ideologie zu vermitteln vermag... Da wird einem klar, daß das, was zählt, die aus der Vorstellung geborene Wirklichkeit ist, die Wirklichkeit, die unter den Fenstern des eigenen Gefängnisses vorbeizieht... Und so hat dieser Roman *Poema dei lunatici* von Cavazzoni in mir eine Sehnsucht, eine Nostalgie nach diesen eigentümlichen Vibrationen geweckt, die ich damals, vor dreißig Jahren empfunden habe. Davon inspiriert, habe ich versucht, ein ganz kleines Script zu schreiben, nur um einen Fuß in den Film zu setzen. Irgendwann war ich dann soweit, wieder aufzugeben, mir kam es vor, als fehlte mir die Klarsicht, als wolle sich mir der Charakter, das Wesen, das Parfum, die Essenz dieses Projekts einfach nicht eröffnen. Aber ich konnte nicht mehr zurück. Also begann ich mit den Vorbereitungen, mit den Bauten. Ich ließ eine ganze Stadt aufbauen und nahm ein Heer von Architekten, Maurern, Vorarbeitern, Zimmerleuten und Malern in Dienst. Ich richtete die Fleischerei, den Friseursalon, die Buchhandlung, das Bürgermeisteramt ein, andere Hilfsmittel hatte ich nicht. Ich ließ mich von einem handwerklichen Automatismus antreiben und sagte mir: eines Tages wird dieses Städtchen bewohnt sein. Diese Fenster werden sich öffnen, und Leute werden sich dahinter zeigen. Auf diesen Straßen werden Leute gehen und ich werde schon sehen, wer sie sind. Es schien reiner Wahnsinn, ich habe diesen Film in totaler Dunkelheit gemacht und wie ein Seiltänzer ohne Netz und ohne Balancierstange, ja ohne zu wissen, ob das Seil auf der anderen Seite des Abgrunds überhaupt richtig befestigt war. Und ich tastete mich vorwärts, indem ich abends auf einem Stück Papier die Szenen für den nächsten Tag aufschrieb. Gestützt von Benignis und Villaggios blindem, kaum verdientem Vertrauen. Der Dumme August, der Weiße Clown und ich, Monsieur Loyal: diese Identifikation mit der heiligen Zirkus-Dreieinigkeit hat mich gerettet. Wenn ich *Die Stimme des Mondes* vollendet habe, so dank ihrer Gesellschaft, ihrer Unterstützung. Sie sind meine Schutzengel gewesen. Man darf ja nicht vergessen, daß die beiden zwei große Volksstars sind, Publikumslieblinge, die ein hohes Einverständnis mit ihren Zuschauern erlangt haben, das ich total zerbrochen habe, indem ich ihr Image zerstört, die Figuren, mit denen sie berühmt geworden sind, ausgelöscht habe. Für dieses Opfer verdienen sie meine ganze Dankbarkeit. Ohne sie hätte es diesen Film, in dem ich mir vorkam wie ein tauber, blinder und an Gedächtnisschwund leidender Kapitän, gar nicht gegeben.

Hatten Sie schon einmal dieses Gefühl, vor etwas Unbekanntem zu stehen, bevor Sie einen Film anfingen?

Immer, bei allen Filmen. *8½* hätte ich um ein Haar platzen lassen. Mit den Bauten war bereits begonnen worden. Marcello Mastroianni war engagiert. Ich ging in mein Büro hinauf und schrieb einen Brief an Rizzoli, den Produzenten: »Lieber Angelo, dieser Brief wird dich überraschen, er wird dir Kummer bereiten, aber ich kann den Film nicht drehen, ich erinnere mich nicht, was ich machen wollte. Ich erinnere mich an gar nichts mehr.« In diesem Augenblick hörte ich eine Stimme nach mir rufen, die Stimme des Chef-Bühnenbildners, eines gewissen Gasparini. »Oh! Dottore! Menicuccio hat heute Geburtstag, er spendiert eine Flasche, trinken Sie auch ein Glas mit?« Ich unterbrach meinen Brief und ging zu Gasparini hinunter, betrat den Platz, auf dem der Bauernhof aus der Anfangsszene aufgebaut worden war, der Bauernhof der Großmutter. Die Arbeiter standen alle da, mit einem Becher Sekt in der Hand. Eine idyllische Szene, bei diesem spärlichen Licht. Und alle erhoben ihre Pappbecher und begrüßten mich: »Dottore, das wird der schönste Film der Welt! Auf Ihr Wohl!« Ich wäre vor Scham fast gestorben. Ich bin dann nicht gleich wieder in mein Büro hinaufgegangen, um den Brief fertigzuschreiben. Ich setzte mich in dem kleinen Garten, der einem Klostergarten glich, auf eine steinerne Bank und starrte auf meine Fußspitzen. »Was für eine unglaubliche Situation«, sagte ich mir, »ich weiß nicht mal mehr, wer der Held des Films ist. Ein Rechtsanwalt? Ein Ingenieur? Ein Schriftsteller?« Wirklich unglaublich, ein Regisseur, der sich nicht mehr an den Film erinnert, den er machen soll. Dann ging ich wieder hinauf. Ich habe den Brief zerrissen und die Geschichte eines Regisseurs gedreht, der sich nicht mehr an den Film erinnert, den er machen soll...

Sie messen den Träumen große Bedeutung bei. Bringen Sie auch Traum-Fragmente in Ihre Filme ein?

Das Kino an sich ist schon ein Traum. Die Sprache des Traums ist die Sprache des Films: das Auftauchen und Verschwinden, das Überspringen der Zeit, die Erweiterung des Raums. Mehr als Traumgestalten habe ich in bestimmte Filme das Licht, die Perspektive des Traums hineinbringen können ... Wer es auf unnachahmliche Weise verstand, ganz nahe an die Atmosphäre, an das Ungreifbare, das Unbeschreibliche der Träume heranzukommen, das ist Buñuel. Selbst Ingmar Bergman, einer der vier Großen – die drei anderen sind Buñuel, Kurosawa und Kubrick –, gibt von den Träumen eine romantische, dekadente, psychoanalytisch beeinflußte Sicht. Eine leicht verdorbene Sicht. Buñuels Filme dagegen träumen für uns, an unserer Statt.

Aus einem Interview mit Danièle Heymann, ›Le Monde‹, Paris, 9. 2. 1990.

Federico Fellini im Diogenes Verlag

Werkausgabe der Drehbücher und Schriften. Herausgegeben von Christian Strich
Die Drehbuchbände enthalten zusätzlich das Treatment, Äußerungen Fellinis zum Film und zahlreiche Szenenfotos

Giulietta
Roman. Aus dem Italienischen von Olga Gloor
Leinen

Roma
Deutsch von Toni Kienlechner. Mit 50 Fotos
detebe 20062

La Dolce Vita
Deutsch von Bettina und Toni Kienlechner und Eva Rechel-Mertens. Mit 57 Fotos
detebe 20121

8½
Deutsch von Toni Kienlechner und Eva Rechel-Mertens. Mit 52 Fotos. detebe 20122

Julia und die Geister
Deutsch von Toni und Bettina Kienlechner und Margaret Carroux. Mit 66 Fotos
detebe 20123

Amarcord
Deutsch von Georg-Ferdinand von Hirschau, Eva Rechel-Mertens und Thomas Bodmer. Mit 62 Fotos. detebe 20124

Aufsätze und Notizen
Herausgegeben von Anna Keel und Christian Strich. Mit einer kompletten Fellini-Filmographie. detebe 20125

Casanova
Deutsch von Inez De Florio-Hansen und Dieter Schwarz. Mit 54 Fotos. detebe 20287

La Strada
Mit einem eigens für diese deutsche Erstausgabe geschriebenen Vorwort von Fellini. Deutsch von Georg-Ferdinand v. Hirschau, Thomas Bodmer und Dieter Schwarz. Mit 55 Fotos. detebe 20316

Die Nächte der Cabiria
Idee und Drehbuch von Federico Fellini, in Zusammenarbeit mit Ennio Flaiano, Tullio Pinelli und Brunello Rondi. Mit 53 Fotos. Herausgegeben von Christian Strich. Deutsch von Dieter Schwarz und Olga Gloor. detebe 20317

I Vitelloni
Deutsch von Georg-Ferdinand von Hirschau, Thomas Bodmer und Dieter Schwarz. Mit 56 Fotos. detebe 20318

Orchesterprobe
Idee und Drehbuch von Federico Fellini. Mit 50 Fotos. Herausgegeben von Christian Strich. Deutsch von Trude Fein. detebe 20319

Die Stadt der Frauen
Deutsch von Beatrice Schlag u.a.
detebe 20768

E la nave va
Deutsch von Renate Heimbucher-Bengs
detebe 21096

Satyricon
Deutsch von Dieter Schwarz u.a.
detebe 20767

Ginger und Fred
Deutsch von Renate Heimbucher-Bengs
Mit Fotos. detebe 21389

Intervista
Vollständiges Drehbuch. Mit einem Vorwort von Federico Fellini und 50 Fotos. Deutsch von Renate Heimbucher-Bengs. detebe 21585

Der weiße Scheich
Vollständiges Drehbuch. In Zusammenarbeit mit Tullio Pinelli und Ennio Flaiano. Mit einem Vorwort von Federico Fellini und 48 Fotos. Deutsch von Renate Heimbucher-Bengs. detebe 21586

Die Gauner
Vollständiges Drehbuch. In Zusammenarbeit mit Tullio Pinelli und Ennio Flaiano. Mit einem Vorwort von Federico Fellini und 48 Fotos. Deutsch von Renate Heimbucher-Bengs. detebe 21587

Der Gesang des Mondes
Drehbuch von Federico Fellini. Herausgegeben von Christian Strich. Deutsch von Renate Heimbucher-Bengs. detebe 21852

Außerdem liegen vor:

Casanova
Federico Fellinis verhaßter und verherrlichter Frauenheld. Mit einem Essay von Stefan Zweig, Zitaten aus Casanovas Memoiren, Texten von D. H. Lawrence bis Federico Fellini, Interviews mit modernen Casanovas und Wissenschaftlern sowie zahlreichen Fotos Leinen

Fellini's Zeichnungen
Einhundertachtzig Entwürfe für Figuren, Dekorationen und Kostüme; Telefonzeichnungen und Graffiti. Mit einem Vorwort von Roland Topor. Leinen

Fellini's Filme
Die 400 schönsten Bilder aus 15½ Filmen. Mit Filmographie, Kurzbeschreibungen der einzelnen Filme und einem Vorwort von Georges Simenon. Herausgegeben von Christian Strich. Leinen

Fellini's Faces
Foto-Album. Herausgegeben von Christian Strich. Mit einem Vorwort von R. D. Laing und einer Einleitung von Federico Fellini. Broschur

»Warum machen Sie nicht mal eine schöne Liebesgeschichte?«
Ein intimes Gespräch mit Giovanni Grazzini. Deutsch von Renate Heimbucher-Bengs
detebe 21227

Spielen wie die Kinder
Aus Gesprächen von Federico Fellini mit Journalisten. Ausgewählt von Daniel Keel. Mit Zeichnungen von Federico Fellini
detebe 21830

Tullio Kezich
Fellini
Eine Biographie. Mit vielen Fotos, Filmographie und Register. Aus dem Italienischen von Sylvia Höfer. Leinen

Liliana Betti
Federico Fellini
Versuch einer Sekretärin, ihren Chef zu porträtieren. Aus dem Italienischen von Inez De Florio-Hansen. Mit 80 Fotos und Zeichnungen. detebe 20769